발효 이야기

김치와 식초의 세계

차례
Contents

들어가며

전통 발효식품인 김치, 된장, 간장, 식초가 익어가는 오지 그릇 속에는 미생물들의 우주가 있다. 나는 그것을 발효문화 공화국이라고 부른다. 발효는 인간이 개발한 기술이 아니다. 자연을 유심히 관찰한 인간들에게 자연이 차려준 완전한 식탁일 뿐이다.

지구상에는 헤아릴 수 없이 많은 종의 생명체들이 살고 있다. 그리고 그 종들 중에는 이미 멸종되었다고 믿었던 쥐라기(Jurassic period)의 울레미아 노빌리스(Wollemia nobillis)라는 소나무도 호주 시드니 근교에서 최근 발견되었다고 한다. 그러니 우리가 알지 못하거나 멸종되었다고 믿고 있는 종들까지 치면 어떤 학자나 전문가도 정확한 숫자를 알아내는 것은 불가능하리라 본다. 그리고 우리의 몸에는 수많은 미생물들이 살고 있다. 과학자들의 보고에 의하면 그 수는 100조 개라고 한다. 100조! 우리의 몸이 우주의 축소판 같다는 생각이 든다.

오래 전 북아프리카 에티오피아에서 지냈던 일이 있다. 당시 에티오피아 인들은 기생충에 감염돼서 생명을 잃는 경우가 많았다. 크고 작은 기생충들이 머리부터 발끝까지 인간의 몸을 숙주 삼아 살고 있었다. 그러나 100조 개의 생명체들은 그런 기생충이 아니다. 사람은 100조 개의 미생물들이 함께 있어야 건강한 유기체로 살아 갈 수 있다는 것이 신비롭기만 하다. 마치 지구에서 수많은 종들이 역동적으로 서로에게 영향을 주고받으며 살고 있듯이 말이다.

생태계에는 완벽한 유충도 완벽한 해충도 없다. 존재하는 모든 것들은 그곳에 그것이 있어야 비로소 완전해지기 때문에 있는 것이다. 오지그릇 속에서도 인류의 오랜 역사만큼이나 수많은 미생물들이 생성과 소멸을 거듭한다. 그렇게 일정 기간이 지나며 미생물은 사멸된다. 보이지 않지만 우리 전통 발효식품의 맛은 이 미생물들의 시체가 남기고 간 맛이다. 그리고 아직 살아 있는 미생물들도 우리 몸속으로 들어가 100조의 대열에 합류하거나 성분으로 남아 생명 유지의 불쏘시개 역할을 한다.

이것이 우리가 말하는 효소라는 성분이다. 곧 효소는 살아 움직이는 생명체를 존재하게 하는 미생물들이 죽어서 남기는 성분인 것이다. 그렇다면 효소가 가장 많은 식품이란 무엇일까? 바로 우리의 조상들이 매일 먹고 살아온 장류와 김치 그리고 건강의 보고인 자연 발효된 식초이다.

우리 전통 발효식품 이야기를 하면서 9·11 테러사건을 끄집어낸다는 것이 가당치 않지만 내가 발효식품의 효능을 새삼 발견하게 된 계기는 9·11 사건이다. 9·11 사건으로 시작된 미국과 탈레반의 전쟁은 다윗과 골리앗의 싸움 같았다. 그런데 이번에는 하나님도 다윗편이 아니었다. 그래서 난 전쟁 난민들을 도우러 아프가니스탄으로 갔다. 철들 무렵부터 그런 일이 매년 있던 연중행사 같은 것이었지만 그해 아프가니스탄을 다녀와서 길랭바레 증후군(Guillain-BarrE Syndrome)이라는 병으로 온몸의 말초신경이 초토화되어 손가락 하나도 뇌의 지시를 따르지 못하는 전신마비 상태가 되어 있었다.

중추신경은 멀쩡한데 말초신경이 물처럼 녹아서 사라져 버리면 몸은 연체동물처럼 변한다. 이것은 재앙이다. 왜냐하면 중추신경은 손상되지 않아 모든 사고가 명료한데 몸을 움직일 수 없기 때문이다. 그 답답함과 공포감은 경험해 보지 않은 독자들이라면 아마 10퍼센트도 이해하지 못할 것이라 생각한다. 사실 그 심정을 독자들이 이해할 필요는 없다. 한 사람이라도 그런 고통을 알지 못하게 하는 것이 내가 일을 하는 중요한 목적 중 하나이기 때문이다.

그렇게 병마와 싸우며 2년을 지내면서 나는 기억할 수 없는 영유아기를 경험했고 아직 살아 보지 못한 노년 후기를 살아냈다. 이 특별한 병은 급성기에 사망하지 않을 시 2년 정도 지나면 장애가 좀 남기는 하지만 회복된다. 그렇게 처절한 시간을 보낼 무렵 나에게 가장 큰 고통 중의 하나가 음식이었다. 음식을 조금씩 넘길 수 있을 무렵부터 너무나 먹고 싶었던 것이 잘 익은 김장 김치와 항아리 속에서 갓 퍼온 노란 재래 된장이었다. 음식을 씹을 수도 잘 삼킬 수도 없는데 뇌에서는 그것을 삼키라고 강력한 명령을 내리는 이 불합리함 속에서 난 많이도 울었다. 한번은 중학생인 딸아이에게 통사정을 했다. 묵은 김치를 꺼내다가 배추 껍질을 다 벗겨서 잘게 썬 다음 김치전을 만들어 달라고 했다. 그렇게 하면 씹지 못해도 잘 님실 낏 같아서였다

정신분열증도 아닌데 뇌와 몸이 따로 놀고 있었다. 그런 나를 지켜보는 가족들은 길랭바레 증후군이라는 병이 정신

적인 문제도 동반한다고 생각했을 것이다. 완전 유동식을 주입해야 하는 시점에서 김치전을 해달라고 졸랐으니 말이다. 그러다가 결국 껍질을 벗겨 만든 김치전을 처음 먹게 됐던 날의 그 맛과 감격은 지금도 잊을 수가 없다.

다시 풀어서 말하면 이런 것이다. 그 당시 초토화된 나의 몸이 회복되기 위해서는 양질의 효소가 너무나 필요하다는 것을 뇌에서 지시하고 있었다는 것이다. 그 당시 지금처럼 내가 그런 사실을 알고 있었다면 김치를 유동식처럼 갈아서 코를 통해 위까지 연결시킨 관으로 주입해 달라고 했을 것이다.

우리는 이렇게 간절하게 양질의 효소가 들어 있는 음식을 원한다. 다만 각 나라와 민족은 자연 환경에 맞는 방법을 통해 조상 대대로 만들어 먹던 자연 발효 식품들을 먹고 있다. 그리고 그 맛들은 유전자가 기억해 내고 고향과 조국을 떠나 먼 타향과 타국에 살아도 그 재료를 찾아내 그 맛을 만들어 먹고 산다. 자신들이 먹고 살던 발효식품에 대해 그토록 강력하게 뇌가 섭취를 요청하는 것은 왜일까?

인간에게 발효식품의 섭취는 단순히 허기를 채우는 음식물이 아니다. 건강한 유기체로서 생존을 위한 필요조건이기 때문에 기필코 찾아내 먹기 마련이다. 그것은 인간의 식욕, 수면욕, 성욕 등 3대 기본 욕구 중 식욕의 섬세하고 예민한 조건이기도 하다. 우리나라 사람들도 어느 곳에서 살든지 김치와 된장을 오랫동안 먹지 못할 경우 아무리 풍요로운 식탁 앞에서도 행복감을 못 느끼게 된다. 김치와 된장국으로 단순하게 차려진 식탁에서 더 큰 행복을 느낄 수밖에 없는 것이 바로 그 때문이다.

서점에 가보면 효소와 발효식품에 관한 수많은 요리서와 이론서들이 있다. 이런 책들이 이렇게 많이 나온 시기는 지금껏 우리나라에 없었을 것이다. 또한 인터넷상에는 발효식품에 관한 엄청나게 많은 글들이 있다. 물론 이 중에는 검증되지 않은 내용들도 많다. 이 책에서 내가 10년 남짓한 경험을 통해 알게 된 내용들을 짧게라도 소개함으로써 오해의 소지가 많은 인터넷상의 정보를 그대로 따라하는 우를 줄여줄 수 있으리라 믿는다.

이 책에서는 가능하면 발효 전문 용어나 미생물들의 학명, 성분 등을 사용하지 않을 생각이다. 방대하고 전문성이 있는 책이 아니고 우리 식탁에 언제나 있는 김치 이야기, 식초 이야기, 그리고 우리 선조의 멋과 흥을 그대로 항아리에 담아 발효된 듯한 가양주 이야기를 다루었다. 이 책은 여염집 아낙이 자신의 특별한 정성을 통해 새롭거나 발효에 대해서 이야기하는 내용이기 때문이다.

1부

김치 이야기

김치, 그 오묘함 속으로

제임스 쿡(James Cook) 선장은 1770년대 대영제국의 꿈을 실현시킨 일등공신 중 한 명이다. 그런데 쿡 선장의 명성은 단순한 데서 시작됐다. 당시 긴 항해 중 선원을 사망에 이르게 한 가장 큰 원인은 괴혈병이었다고 한다. 그런데 쿡 선장은 단 한 명의 선원도 사망시키지 않고 긴 항해를 할 수 있었다. 쿡 선장이 항해를 시작할 때 양배추 백김치(sauerkraut)를 수십 통씩 싣고 다니며 선원들에게 매일 먹게 한 덕분이었다.

우리나라도 1600년대 전에는 고추가 유입되기 전이라 모든 김치는 백김치 형태였다. 다만 음식에 붉은색을 들여 액을 막고자 하는 바람으로 맨드라미 물을 들인 붉은색의 김

치가 전해지고 있기도 하지만 보편적으로는 백김치였다. 그
런데 임진왜란 직후 고추의 유입으로 우리나라의 김치는 대
변혁을 일으켰다. 김치의 역사를 공부하다 보면 우리나라
와 외국의 차이점이 극명한데 영국이나 유럽 국가들이 우리

보다 먼저 고추라는 향신료가 있었고 오랜 전통음식인 젓갈 (anchovy)이 있었음에도 불구하고, 긴 세월이 흐르도록 그 발효 재료들을 섞어 만들지 않았다는 사실이다.

우리 민족은 고조선 시대부터 술빚기와 젓갈 담그기를 잘하는 민족이라는 평을 받아왔다. 그리고 우리는 어류, 조류, 육류, 채소, 야생초까지 다양한 재료를 이용해서 김치를 담갔다. 그뿐 아니라 다양한 재료를 함께 섞어서 만들고 발효시켜 먹는 창조성이 뛰어난 민족이다. 비빔밥도 부대찌개도 마찬가지다.

나는 지난 정부에서 한식 세계화를 요란하게 시작하기 전부터 사비를 들여 미국의 대형 유스호스텔에서 세계 각국에서 온 젊은이들에게 김치 시식행사를 해오고 있다. 대부분 김치를 난생 처음 먹어 보는 친구들이다. 그런데 프랑스에서 온 어떤 청년이 전라도식 배추 겉절이를 얼굴이 뻘겋게 달아오르는데도 아주 맛있어 하며 여러 번 먹는 것을 보았다. 마음속으로 저 친구가 집 떠나온 지 오래라 엔초비가 먹고 싶었던 모양이구나 싶었다. 다가가서 맛이 어떠냐고 물었더니 맵지만 아주 맛있다고 어떻게 만드는 거냐며 서툰 영어로 물었다. 나도 서툰 영어로 대답했다. 엔초비, 양배추, 고춧가루를 섞은 것이라고 대답했더니 그 친구가 막 웃으면서 고개를 가로저었다. 자신들의 냄새나는 음식을 놀리는 것쯤으로 생각했을지 모른다.

다음날 유스호스텔 복도에서 만난 그 친구의 말을 잊을 수가 없다.

"한국의 김치에는 아마도 마약이 들어 있는 모양이다. 처음 먹을 때는 너무 강해서 먹기 어려운데 다음 날까지 자꾸 먹고 싶어진다."

동남아 여행 중에 만나는 현지 젊은이들이 내가 한국인이란 것을 알고 나면 건네는 말이 있는데, 예전과 지금이 다르다. 20년 전만 해도 한국인인 걸 알아채고 "빨리빨리"하며 인사를 했는데 이제는 "한국, 나 좋아해, 다시 가고 싶어, 김치 먹고 싶어"라고 한다.

김치가 먹고 싶단다. 난 이 말을 믿는다. 왜냐하면 그것이 발효식품의 위력이기 때문이다. 세계 음식문화를 연구하는 서구 사람들은 한국인들이 매일 125그램 정도의 김치를 먹는다는 사실에 놀라워한다. 한국에 온 외국인 노동자들도 처음에는 가장 역겨운 음식이 김치라고 하지만 나중에는 가장 좋아하는 음식이 김치라고 한다.

이와 비슷한 경험이 나에게도 있다. 에티오피아는 밀이나 쌀이 주식이 아니고 '테프(teff)'라는 독특한 곡식이 주식이다. 1주 정도 실온에 담가서 발효시킨 테프를 둥근 쟁반 만하게 시큼한 전을 만든다. 이것을 인젤라(enjera)라고 한다. 인

젤라 위에 와트(wat: 감자, 양고기, 채소 등의 재료로 만든 요리)를
부어놓고 가장자리부터 먹는데 먹는 순서와 방법이 독특하
다. 오른손을 이용해서 인젤라를 떼어 와트를 싸서 먹는데
집안의 남자 어른이 손님에게 싸서 입에 넣어 주면 손님이
싸서 남자의 입에 넣어 줘야 한다. 남자 어른과 손님이 먹고
나면 다음에 여자 어른, 어린아이들 순서로 먹는다. 이 식사
순서를 깨는 것은 그들에게는 금기로 보였다. 그러니 남자
가 남겨 주는 것만 여자가 먹고 살아야 하고, 여자가 남겨 주
는 것만 어린아이들이 먹고 살아야 한다. 식사 방법만큼이나
맛도 독특해서 처음엔 너무나 먹기가 고약해서 결코 친해질

수 없는 음식이라고 생각했다.

그런데 지금은 에티오피아만 떠올리면 인젤라가 먹고 싶다. 왜일까? 미생물의 발효 기술은 동서고금을 막론하고 지구인들의 입맛을 뇌에 각인시켜 둔다는 생각을 하게 된 경험 중 하나이다. 내가 정기적으로 할리우드나 샌프란시스코와 같은 세계의 젊은이들이 선호하는 미국의 관광도시에서 사비를 들여 가장 전통적인 방법으로 다양한 김치를 만들어 시식행사를 하는 이유가 바로 그런 기대와 보람이다.

한식 세계화가 남긴 허와 실을 가지고 말들도 많지만 진정한 한식의 밑그림이 견고하지 않은 한식 세계화란 모래 위에 지은 성에 불과한 것이다. 일찍이 엘빈 토플러(Alvin Toffler)는 "인류가 미래에 향유할 맛은 발효의 맛"이라고 했다. 김치 종주국으로서의 자부심을 높일 수 있는 양질의 김치와 모든 한식의 기본 간을 해줄, 조상 대대로 내려온 간장, 효소 덩어리인 전통 방법으로 숙성된 된장, 그리고 집집마다 부뚜막 초두루미에서 발효되어 음식의 향미를 높여 주던 식초가 회복되지 않는 한 한식이 세계인의 미각을 특별하게 자극시킬 수는 없을 것이라고 나는 감히 단언한다. 무엇보다도 한식 세계화를 계획했다면 우리의 미디인 발효시법에 우수성을 지각하고 맛뿐 아니라 탁월한 약리성에 대해 홍보를 함께할 수 있어야 했다.

한식은 발효식품으로 시작해서 발효식품으로 마무리될 수 있을 때 아무도 흉내 낼 수 없는 우리의 경쟁력과 경제력이 된다. 우리는 아무리 노력해도 프랑스인보다 와인을 더 잘 발효시키기는 어렵다. 마찬가지로 프랑스인이 아무리 노력해도 우리보다 김치를 잘 담그기는 어렵다. 나는 김치 표준화라는 말을 싫어한다. 왜 김치가 표준화돼야 하는가? 프랑스의 와이너리(winery)에서 와인을 표준화하기 위해 노력하는 것을 본 일 있는가? 그 반대가 아니던가? 표준화는 대량생산을 위한 기초가 되지만 발효식품은 대량생산으로 경제적 가치를 높이는 것이 아니고 자연과 시간에게 조리사의 자리를 내 줄 수 있을 때 경제적 경쟁적 목표 달성에 가까워진다.

그리고 진정으로 한식 세계화를 꿈꿨다면 김치 세계화부터 시작했어야 옳았을 것이다. 대부분의 사람들은 "외국인들은 김치를 싫어한다"고 말한다. 그러나 외국인들이 싫어한다는 그 김치를 중국과 일본에서는 많은 양을 생산해 외국인들에게 팔고 있다. 게다가 그 김치는 우리 입장에서는 김치라고 말하기에 민망한 맛없는 김치이다. 우리도 처음에는 치즈가 냄새가 역겹고 맛이 없었다. 그런데 지금 어떠한가? 나는 여러 나라 젊은이들에게 김치 시식행사를 하면서 꼭 알려 주는 이야기가 있다. "세계의 3대 발효 식품은 치즈,

와인, 김치이다. 그리고 머지않아 세계인이 가장 많이 먹게 될 발효 식품은 김치가 될 것이다." 처음엔 그 말을 듣고 어리둥절해 하며 큰소리로 웃지만, 나중에는 김치를 기억할 것이다. 왜냐하면 김치는 과거나 현재보다도 지구의 기후환경 변화에 잘 유지될 수 있는, 온 인류가 향유해야 할 가장 강력한 건강식이기 때문이다.

김치는 짐치로 돌아가야 한다

　김치의 문헌 기록은 약 2,500년~1,500년 전으로 거슬러 올라간다. 중국 시가에 "밭두렁에 외가 익었으니 따서 지를 담아 조상님께 바치자"라는 기록이 있는 것으로 보아 김치의 역사는 수천 년 전으로 추정하고 있다. 하지만 나의 견해는 김치를 비롯한 오늘날까지 내려오는 모든 채소, 야생초, 과일, 생선, 육류의 발효 역사는 인간이 사고가 가능했던 시절 곧 호모사피엔스(Homo Sapience) 시절부터 시작되었으리라고 짐작한다. 왜냐하면 발효는 인간이 만들어 낸 기술이 아니고 자연의 법칙에서 인간이 찾아낸 발견이기 때문이다. 불의 발견으로 음식을 익혀 먹던 시작보다도 발효음식 섭취의 효시가 앞섰으리라는 것이 일반적인 견해다.

이렇게 오래 전부터 먹어왔던 김치는 명칭의 변천으로도 김치의 맛과 담그는 방법이 변해 왔음을 짐작하게 한다. 침채 → 딤채 → 짐치 → 김치의 순으로 변해 왔는데, 침채는 "채소가 소금에 절여지다"라는 뜻이다. 이로 미루어 보면 초기 김치의 형태는 야생초에 가까운 채소를 소금에 절여 염장 발효를 일으키게 한 단순한 백김치이었음을 짐작할 수 있다. 중국에서는 저(菹), 또는 함채(鹹菜), 함차이 등의 명칭으로 사용돼 왔다.

딤채는 나박김치나 순무 김치에 천초를 넣어 좀 더 청량한 맛을 낼 수 있는 국물까지 함께 먹을 수 있었던 단계의 김치 명칭이다. 짐치는 각자 자신들이 살던 고향의 방언으로 알고 있는 경우가 많지만 우리나라 8도에서 동일한 이름을 쓴 것으로 보아 짐치는 김치의 지방 방언이라기보다는 딤채에서 변천된 이름으로 해석함이 옳을 듯하다. 그러니까 짐치는 고춧가루가 김치에 사용되면서 김치의 대변혁이 일어난 시기에 바꿔 부르게 된 이류이라고 생각된다. 당시 중국을 통해 결구배추가 들어오게 되고 그 품종은 우리나라에서 육종되어 전 세계에 퍼져 나갔다. 현재도 김치 종주국의 명성에 걸맞게 우리나라 배추 육종의 기술은 세계 최고 수준에 도달해 있다. 짐치는 각 지방과 가정의 경제적 형편과 가풍에 맞게 모든 재료를 자급자족하던 조선 중·후기의 명칭이며 김치는 짐치의 표준어로 정리되면서 오늘에 이른 것으로 추정된다.

그렇다면 왜 김치는 짐치로 돌아가야 하는가? 현재도 각 지방에 따라 김치 맛이 조금씩 다르다. 고향이 어디냐에 따라 선호하는 김치 맛이 다른 것이다. 보편적으로 맛있는 김치는 다 좋아하지만 고향집에서 어머니의 김치보다 더 맛있는 김치는 세상에 없을 것이다. 왜냐하면 고향에서 어머니가 담가 주시는 김치는 김치가 아니고 짐치이기 때문이다. 김치는 재료든 완제품이든 돈을 주고 살 수 있는 것이라면, 짐치는 모든 재료를 각 가정에서 준비해서 직접 담근 것이다. 비닐봉투에 포장된 김치는 아무리 유명 브랜드라고 해도 한 달 정도가 지나면 맛이 없어진다. 그런데 집에서 담근 김치는 한 달 정도 지났을 때부터는 김치 솜씨가 부족한 사람이 담갔다고 해도 맛이 좋아지기 때문에 김치 요리에 적합한 익은 김치가 된다. 이것이 김치와 짐치의 차이이다.

김치와 짐치가 이렇게 다른 그 이유는 다음과 같다. 집에서 담그는 김치는 미생물들이 번식하기에 적합한 조건이지만 공장에서 대량생산되는 김치는 MSG를 비롯한 여러 가지 첨가제를 사용해서 만들 뿐만 아니라 심지어는 유통기한을 늘리기 위해 저온처리 과정을 거쳐 미생물들을 사멸시킨 후 유통시키는 경우가 많기 때문이다. 그러니 활발한 미생물 번식은 기대하기 어렵다. 김치는 서양의 피클류와 같은 유지식품이 아니라 시간의 경과에 따라 미생물들이 만들어 주는 맛이 달라져야 진짜 김치인 것이다. 김치의 맛은 원재료가 만드는 것이 아니고 발효 도중 생성되는 미생물들이 내주는 맛이기 때문이다. 그래서 김치의 표준화나 맛의 유지를 위해 노력 하는 것도 중요하지만 자연스러운 김치의 맛과 가치를 이해하고 그 맛을 향유하는 것이 더 바람직하다.

관심이 없는 국민들은 기억조차 못할 일이지만 김치 제조 방법의 국제표준규격을 놓고 일본과 5년 이상을 싸운 일이 있다. 결국 국제위원회는 한국식으로 담그는 것을 국제표준규격으로 결정해서 우리나라가 김치 종주국임이 입증됐지만 이러한 결과에도 우리는 일본이 시작한 이 말도 안 되는 국제 논의에 불편한 심정이 사실이다. 하지만 이 일을 통해 주인이 되기 위해 갖춰 나가야 하는 우리의 몫이 있다는 것을 새삼 깨닫게 됐다. 김치는 이만큼 국민의 건강을 위해 지켜나가야 할 음식문화의 가치일 뿐 아니라 크나큰 경제적 가치라는 사실이다. IT산업도 중요하고 조선, 중공업도 우리의 자랑이지만 김치를 세계인의 보편적 식품이 되게 하는 것은 그 이상의 경제적 가치이다.

이쯤에서 20년 전에, 채소는 소나 양이 먹는 사료라고 알고 있던 몽골인들에게 채소를 키워 먹게 하면서 몽골인의 식탁을 바꿔 놓은 이혜식 교수의 이야기를 하고 싶다. 이혜식 교수는 몽골에서 대통령 농림자문을 맡을 만큼 그의 녹색혁명 업적을 인정받고 있다. 그가 처음 몽골에 갔을 때 몽골인 동료 교수들까지 "한국 사람들은 쌀과 채소만 먹고도 죽지 않느냐"는 말을 했었다고 한다. 그런 환경에서 배추 농사를 짓고 김치를 담가 식생활 패턴을 바꿔 간다는 것이 쉬운 일은 아니었을 것이다. 그 당시 일반 생산직 근로자의 한 달 월급이 10달러였는데 김치를 먹으면 10달러를 주겠다고 하면서까지 김치를 먹게 했다고 한다. 우리에게 발효된 마유(馬乳)를 먹으라고 하면 그것을 쉽게 먹을 수 있을까? 하지만 먹다 보면 마유도 요구르트보다 좋아하게 될지도 모른다. 이것이 발효식품의 매력인 것이다.

이혜식 교수가 몽골인들에게 채소와 김치를 먹게 해서 그들이 아름다운 피부를 갖게 되고 건강한 장수의 길이 시작됐다면 이 얼마나 기분 좋은 일인가! 촌농의 아들이었던 그가 몽골인에게 끼친 영향이 얼마나 위대한지는 세월의 흐름에 따라 더욱 분명해져 갈 것이다.

지구촌 곳곳이 기후 변화로 인해 사막화되고 있지만 드넓은 이웃나라 몽골은 오히려 비가 오기 시작해서 농사를 지을 수 있는 땅으로 변해 가고 있다니 반가운 일이다. 긴 겨울의 나라 몽골에서는 김장용 결구배추 생산이 용이할 것이다. 그리고 어느 나라보다도 강과 호수가 많으니 그들이 먹지 않는 민물새우나 각종 어류로 토화젓과 민물젓갈을 발효시켜 김치를 담글 수 있다면 자연이 마련한 엄청난 규모의 김치 공장이 아니겠는가!

우리는 일본인의 상술과 중국의 가격경쟁에 속수무책일 수밖에 없었지만 몽골 구석구석 맛난 김치 공장들이 들어선다면 아직은 가난한 그들도 잘 먹고 살 수 있고, 우리의 솜씨로 담근 김치가 전 세계에 프랑스의 와인만큼이나 명품으로 팔려 나갈 날을 기대해 본다. 누군가 이 글을 통해 아이디어를 얻고 실천할 수 있기를 기대해 본다.

몇 년 전 가깝게 지내던 사람이 자신의 친구들에게 나를 소개하면서 "김치에 미친 여자"라고 하는 말을 듣고서 '내가 정말 그랬었나' 싶었다. 그런데 나뿐 아니라 우리는 누구나 김치 전문가가 될 수 있다. 우리의 유전자는 김치에 관한 한 예민한 미각을 천부적으로 갖고 태어났다. 김치의 그 오묘하고 다양한 맛을 알아채는 능력이 있다. 그리고 이 맛을 이제 세계인들도 알아채기 시작했다. 미국의 저널들에서 앞 다퉈 김치를 소개한다. 「헬스」라는 월간지에서는 김치를 세계 5대 건강식품으로 지목하기도 했다. 우리가 프랑스 요리 전문가가 되기 어려운 것은 그 맛을 알아채지 못해서 그 맛을 만들어 내지 못하기 때문이다. 일본인들이 우리의 맛있는 김치를 먹어도 그 정확한 맛을 알아채지 못해서 조미료와 구연산을 넣어 기무치를 만드는 것과 같다.

다만 우리가 경각해야 할 것은 허접스러운 중국 김치가 진짜 김치인 것처럼 길들여지는 세계인들에게 우리의 진짜 김치 맛을 길들여야 하고, 일본의 기무치는 김치가 아니라 유럽의 사우어크라우트(sauerkraut) 같은 채소절임류임을 알려야 한다는 것이다. 미국의 나파 밸리에서도 좋은 와인을 만들 수 있고 아르헨티나에서도 좋은 와인을 만들 수 있다. 하지만 프랑스의 와인이 최고인 까닭은 철저하게 프랑스인들이 자신들의 와인이 최고라고 믿고 그 믿음을 지켜 갈 근거를 마련하기 위해 더 열심히 노력하기 때문이다.

"김치로부터 세계의 식문화를 꽃피울 수 있다." "김치로부터 세계의 경제가 살아날 수 있다." "김치로부터 세계인의 건강이 회복될 수 있다." 이렇게 우리가 먼저 믿고, 자신과 가족이 먹을 김치를 담글 수 있는, 김치에 대한 애정과 자부심이 이 작은 책을 통해 싹트기를 기대해 본다.

매월 셋째 주 토요일, 내가 사는 양평에서 '짐치터'라는 이름으로 짐치 담그는 날로 정해 김치가 아닌 짐치를 실현하고 있다. 함께 모여 김치가 아닌 짐치를 담그는 운동이 전국적으로 확산돼 나가기를 또한 간절히 소망해 본다. 왜냐하면 이것은 우리가 하지 않으면 할 사람이 없기 때문이다.

우리는 분명 김치 전문가의 유전자를 보유한 한국인이다. 우리의 선조들은 김치를 담그든 장과 식초를 담그든 현대 과학자들처럼 미생물들을 현미경으로 관찰하고 각 미생물마다 이름을 지어 분류하는 능력은 없었겠지만, 오지항아리 속에서 미생물들이 보내오는 신호를 알아채는 영민함이 있었다. 그래서 쓴맛을 내는 장맛을 고쳐 만들기도 하고 미생물들의 활발한 생성이 인간 영역 밖의 능력이라고 믿었기 때문에 항아리에 금줄도 두르고 합장하고 빌면서 맛을 내주는 신께 은총을 구했을 것이다.

이는 우리나라뿐 아니라 전 세계적인 이야기가 될 것이다. 고대인들은 벌꿀술의 발견으로 발효식품은 신이 내린 선물이라고 믿었고, 17세기까지만 해도 그러한 믿음이 지속됐지만 18세기 이후 최하에 빨달기 파스퇴르(Louis Pasteur)에 의해 발효의 신비가 벗겨졌다. 우리는 그가 말한 "최종 결정권을 가진 존재는 미생물일 것이다"라는 말을 의미 있게 들을 필요가 있다. 그리고 김치항아리 속에서 들려오는 미생물

들의 문화공화국에서 보내오는 편지를 읽어 보자. 최고 맛을 준비하느라 부글부글 왁자지껄 하하 호호 야단들이다.

채소가 소금물에 절여져서 썩지 않고 새로운 맛을 낸다는 것을 알게 됐을 때를 상상해 보면 근사하다. 그것이 의도적이든 자연적이든 발효라는 과정을 통해 양질의 식품이 되는 과정을 자연에서 배워 문명으로 끌어들여 기술로 발전시켜

왔다는 사실이 고무적이다. 특히 우리 민족은 중국의 고문서에도 나타나 있듯이 술 담그기와 젓갈 담그기를 잘하는 민족으로 정평이 나 있었다. 그리고 그 모든 발효식품의 백미인 김치를 매일 식사 때마다 먹는다. 김치는 와인이나 사우어크라우트처럼 단일 재료를 쓰는 것이 아니라 종합 발효식품이다. 가정에서 담가 먹는 배추김치의 경우 최소 10~20가지의 재료를 섞어서 만든다. 김장김치의 경우 지역마다 차이가 있기는 해도 김치 재료에 어패류, 육류, 채소류, 과실류, 곡류를 모두 섞어서 담근다.

우리 선조들은 이토록 우수한 발효식품인 김치를 발전시켜 오면서 용어의 복잡성을 남기지 않았다. 그런데 왜 선조들이 쓰던 말보다 훨씬 어렵게 하고 공정도 까다롭게 표준화를 시키려 하는지 알 수 없다. 김치의 맛은 표준화될 수 없다. 김치는 맥도날드의 감자튀김이나 코카콜라가 아니기 때문이다. 사우어크라우트나 염장 오이지처럼 유통기간을 늘리기 위해 저온처리나 열처리를 통해 세균 번식을 막는 기술이 우수한 기술이라고 우리의 김치까지 그렇게 생산할 생각을 해서는 안 된다. 왜냐하면 그것은 인류가 필요로 하는 미래의 먹을거리가 아니기 때문이다. 오히려 실온에서 보관해도 젖산균들이 빨리 사멸돼서 산패되는 일이 없도록 더욱더 미생물들을 오래 살려 둘 수 있는 방법들을 찾아내야 한다.

전통 발효식품처럼 만들기 쉽고 오래 둬도 상하지 않는 음식이 또 있을까 싶다. 김치 담그기는 어려운 것이 아니고 귀찮은 것이다. 전업주부이면서 '김포댁(김치 담그기를 포기한 여자)'인 사람들이 당당하게 김장 안 한다고들 말하는 경우를 보았다. 나는 그래서 이런 생각을 했다. 운전은 남성들만 잘 할 수 있다고 하던 때가 있었다. 그때 여자들은 기를 쓰고 운전을 배웠다. 이제는 여자도 남자만큼 운전을 잘 할 수 있다. 마찬가지로 남자들이 김치를 더 잘 담그는 날이 올 것이라고 나는 믿는다. 왜냐하면 김치 담그기는 경제력이기 때문이다.

남편들이 열심히 돈을 벌어도 항상 살림이 넉넉하지 않은 이유는 첫째가 사교육비이고, 둘째가 밥하기 싫은 주부들의 외식문화이고, 셋째가 그 때문에 찐 살을 빼거나 건강을 잃어 병원과 피트니스 센터에 바쳐야 하는 지출이 많아졌기 때문이다. 맛있는 김치가 있으면, 맛있는 발효식품들이 집에 다양하게 구비돼 있으면, 모든 가족들은 건강하고 행복한 집밥을 먹을 수 있다. 남편들이 솔선수범해서 주말을 이용해 김치를 담그기 시작하면 참 재미난 일들이 많아질 것이다.

"김치는 여자보다 남자가 더 잘 남근나." 이 맛은 이의 경험에서 나온 말이다. 짐치 담그기는 노동력이 수반되는 것이 사실이지만 복잡하거나 특별한 기술이 필요한 것은 아니다.

그리고 노동을 안 해서 건강을 잃은 사람들은 많아도 적당히 노동을 해서 건강을 잃은 사람들은 없다. 부디 즐겁게 노동할 준비를 하자. 김치를 만드는 방법은 제철에 맞는 자신이 선호하는 재료를 씻고, 썰고, 섞고, 서서히 기다리면 된다. 이것을 나는 S4라고 한다.

김치 재료

배추

배추는 직접 농사를 짓거나 사야 한다. 배추를 살 때는 너무 뻣뻣하지 않은 것이 좋다. 배추가 지나치게 뻣뻣한 것은 칼슘제를 너무 많이 줘서 그럴 수 있다. 그러나 배추 농사 과정에서 중금속에 다소 오염이 됐다고 해도 절이는 과정이나 발효 과정에서 대부분 분해된다고 하니 크게 걱정할 필요는 없다. 다만 걱정스러운 것은 농사에서 제초제를 너무 많이 쓸 경우 제초제 성분을 배추가 흡수하며 자라기 때문에 발효 과정에서 분해되지 않을 우려와 미생물들의 번식을 방해

하는 요인이 된다는 점이다. 그리고 그런 중금속은 우리 몸에 쌓여 갈 것이 자명하므로 염려스러운 것은 사실이다.

김장 배추는 크게 염려스러운 것이 아닌데 여름 배추는 그 농사 과정을 지켜보면 결국 배추 담그기를 포기하고 싶은 심정이다. 여름에는 지난 겨울 담가 둔 묵은 김치와 열무나 고구마줄기 김치, 야생초 김치가 더 적합할 것 같다.

소금

소금! 세상에 이렇게 감격스러운 단어도 드물 것이다. 사랑, 빛, 물만큼이나 소금도 아름다운 단어이다. 소금이 황금보다 귀한 것은 아니지만 인간의 삶에 둘 중 꼭 하나만을 택

해야 한다면 바보가 아닌 이상 소금을 택하게 될 것이다.

나는 울적한 일이 생기면 서해안 고속도로를 질주해서 곰소 염전에 간다. 그다지 크지 않은 염전이지만 아홉 가구가 오순도순 하늘이 내려주는 소금을 받아 살아온 세월이 고스란히 남아 있다. 올 봄에 가봤더니 소금을 나르는 간이 레일을 깔아서 외발 리어카로 운반할 때보다는 덜 힘들 것 같아 참 다행스러웠다. 지난해까지만 해도 참으로 어렵게 재래 방법 그대로 소금을 거둬들였다.

자주 찾아가다 보니 염부들과 가까워져서 이제는 염전에 들어가 함께 소금을 민다. 하얗게 쌓여 가는 소금더미를 보면 절로 하늘에 감사하게 된다. 그래서 염부들은 소금이 하늘에서 내려온다고 말한다. 햇빛과 바람이 내려와서 소금을 영글게 하니 그 말이 옳을 법도 하다.

아무튼 세계 어느 나라에 가도 우리나라 천일염만큼 맛있는 소금이 없다. 우리의 맛좋은 천일염은 우수한 염장식품을 만드는 데 큰 역할을 한다. 미국으로 김치 시식행사를 하러 떠날 때 꼭 챙기는 것이 소금, 고춧가루, 액젓, 이 세 가지다. 외국에서 김치를 담갔을 때 한국 김치와 다른 맛이 나거나 배추가 잘 절여지지 않는 이유가 바로 소금 때문이다. 미국에서도 우리 소금을 사용해서 담근 김치를 맛본 사람들이 "김치 한국에서 가져 왔어요?" 하고 물을 정도다.

요즘 여러 가지 기능 소금이나 죽염으로 김치를 담그거나 장을 담가서 고가로 판매하는 경우를 봤다. 하지만 분명한 것은 발효식품을 만들 때 가장 적합한 소금은 천일염이다. 소금은 유효기간이 없다. 오래 묵혀 둘수록 좋다. 그러나 간수가 잘 빠지도록 소금 포대를 세워 두는 것이 좋다. 누워 있으면 몇 년이 지나도 간수가 잘 빠지지 않는다. 장은 3년 이상 묵힌 소금이 좋고 배추 절임용 소금도 1년 이상은 간수를 빼고 사용해야 원재료인 배추나 무의 단맛을 더하게 도와준다.

젓갈

김치 속에 젓갈을 넣으면 젓갈 자체의 맛이나 영양분뿐

아니라 다양한 미생물들이 또 다른 재료들과 합해지면서 활발한 번식을 하는 데 아주 중요한 조건이 된다. 그냥 요리해서 먹기에는 작은 생선인 새우, 멸치, 황석어, 조기, 까나리, 가자미 등이 젓갈 담그기에 적합한 어류이다. 젓갈 담그는 방법으로는 싱싱한 제철 생선을 사서 절대 씻지 말고 생선 무게의 20퍼센트되는 소금과 잘 버무려 항아리에 꾹꾹 눌러 잘 봉한다. 1년이 지난 후에 열어서 맑은 물이 위에 올라와 있으면 잘 익은 것이니 액젓을 떠서 김치에 이용하거나 생서삼을 다듬어서 풋고추와 양파를 다져 넣고 무쳐서 밑반찬으로 이용해도 좋다.

그런데 아파트와 같은 주거환경에서는 직접 젓갈을 담가 먹기란 그리 쉬운 일이 아니다. 그리고 간편하게 포장된 액젓과 육젓 등이 많이 시판되고 있어 쉽게 사서 이용할 수는 있다. 하지만 시판되는 젓갈은 안심할 수 없는 것이 현실이다. 집에서 김치를 담근다고 해도 자신도 모르게 넣게 되는 화학조미료나 방부제로 인해 미생물들의 번식이 어렵게 되지 않도록 세심한 주의가 필요하다.

집에서 직접 담근 김치에 누가 화학조미료와 방부제를 넣겠느냐고 반문할 수 있겠으나 유통되는 새우젓이나 액젓에 그런 것들을 넣지 않은 제품이 얼마나 된다고 생각하는가? 맛있는 김치를 만들기 위해서는 젓갈을 사용해야 한다. 물론 소금 김치를 즐겨 먹는 사람들도 있지만 대부분 젓갈을 넣어 담갔을 때 미생물들의 번식에 더 좋다. 하지만 사찰이나 지방에 따라 젓갈을 넣지 않고 들깨를 갈아 찹쌀죽을 끓여 넣는데, 이것은 미생물들에게 오래 잘 번식할 수 있도록 식량을 집어넣어 준다고 생각하면 된다.

젓갈, 생선살, 꿩고기나 닭고기를 김치에 넣어 담갔던 우리 선조들의 발효 기술은 현대 미생물학자들보다도 미생물들과 더 잘 소통했다는 생각이 든다. 미생물들이 오랫동안 잘 번식할 수 있는 환경을 마련해 줬기 때문이다. 그리고 육류를 김치에 이용했을 때 육류발효에서만 생산되는 미생물들이 김치를 완전식품으로 만들어 준다. 왜냐하면 김치는 미생물들이 얼마나 오랫동안 김치 속에서 자손을 번식할 수 있느냐에 따라 김치 맛이 좌우되기 때문이다.

우리의 현실은 미생물들의 번식을 막는 바람직하지 못한 두 가지가 있는데, 그 하나가 새우젓의 유통 과정에서 섞게 되는 부적절한 것들이다. 새우젓 유통의 시작은 전라남도 지도(智島)이다. 지도는 목포에서 멀지 않은 작은 어촌 마을인데, 우리나라에서 잡히는 새우의 약 90퍼센트가 유통되는 곳이다.

새우잡이 배가 앞그물로 정성스럽게 잡은 새우를 6월에 잡은 것을 육젓이라 하고, 5월에 잡은 것을 오젓이라고 한다. 봄에 잡으면 봄젓, 가을에 잡으면 추젓이라 하는데, 육젓이 새우 발도 굵고 살도 꽉 차 있어 가장 상품으로 친다. 새우젓의 가격은 잡은 시기와 그해의 작황에 따라 가격 차이가 천차만별이다. 봄젓이나 오젓은 옆그물이나 뒷그물로 쓸어 담듯이 새우를 잡아 올리는데 육젓은 앞그물로 새우를 떠올리는 방법으로 잡기 때문에 육젓이 더 깨끗하고 귀하다.

이렇게 잡은 새우를 배 안에서 곧바로 염장해서 육지로 가져온다. 그것을 드럼통에 담아 중매인들이 업자들에게 경매를 하는데 이렇게 새우젓을 드럼통에 담고 나면 절이는 과정에서 뽀얀 새우젓 국물이 나온 것을 새우젓 국물이 함께 경매를 받는다. 이 국물에 MSG도 타고, 단맛을 내는 감미료도 타고, 심지어 방부제도 타서 짜지 않고 맛있는 맛이 나게 해서 판다. 이렇게 인공적으로 맛을 낸 새우젓은 입에서는 짜지 않고 맛이 좋게 느껴지지만 나트륨은 더 많이 함유되어 있다. 이러한 사실을 구전으로 들어 짐작은 하고 있었지만 「이영돈의 X파일」이라는 텔레비전 프로그램의 검증단으로 새우젓시장을 다니면서 직접 확인한 바이다. 그래도 한국에서 생산되는 새우젓은 덜하다. 중국에서 온 것들은 사람이 먹어서는 안 될 만큼의 그 무엇인가가 많이 들어 있는 것이 분명하다.

인간의 욕망으로 오염되지 않은 좋은 새우젓을 구하기 위해서 나는 새우젓 수매 철에 지도로 간다. 그러다 보니 강경에서 새우젓 사업을 하는 젊은이와 만나게 됐다. 우리나라 새우젓 상인 노조는 개국 이래 최초로 생긴 노조여서 그 역사만큼이나 단합이 잘 된다. 그 누구도 새우젓 사업자가 아니면 지도에서든 목포에서든 수매를 할 수 없다. 아무튼 그 젊은 상인이 털어놓던 말을 잊을 수가 없다.

"저도 처음엔 선생님 생각처럼 새우젓에 아무것도 안 타고 팔아 보려고 했어요. 근데 안 되겠더라고요. 우리 집에 온 손님들이 짜고 맛없다고 가 버려요. 요즘 소비자들은 짠 것 싫어하고 맛있는 것만 좋아하는데 어떻게 정직하게 장사를 해먹겠어요. 결국 저도 다른 사람들처럼 장사하게 됐어요. 그래도 우리나라 새우젓은 나은 편이에요. 중국산은 한여름에 실온에 놓아 둬도 우거지도 안 생겨요. 업소 아줌마들은 우리나라 새우젓을 주면 바꾸러 와요. 주방에 놓고 쓰면 변한다고요. 그 더운 주방에서 깡통에 담아 놓고 그냥 써도 변하지 않게 하려면 뭘 집어넣었는지 누가 알아요."

새우젓이든 액젓이든 직접 담가 먹는 것 외엔 믿을 만한 식재료를 구하기가 쉽지 않은데, 상인의 말처럼 소비자들의 입맛이 문제인지도 모른다. 이제부터라도 김치에 들어갈 젓갈을 마련하는 데 신중할 필요가 있다.

젓갈별로 맛을 내는 김치의 종류도 조금씩 다르다. 무김치 종류는 새우젓이 필수고, 저장용 배추김치는 황석어젓이나 조기젓이 좋다. 흔히 멸치 액젓을 사서 쓰지만 대량 생산된 액젓으로는 특별한 맛을 내는 데 한계가 있다. 그리고 시중에 판매되는 액젓을 잘못 샀을 경우 묵은지가 안 되고 물러 버릴 수가 있다. 그런 경우 젓갈에 첨가물이 많이 들어 있어서 미생물 번식을 방해했기 때문이다. 김치가 무르는 주된 이유는 싱거워서가 아니고 미생물들의 번식이 멈췄기 때문이다. 잘 담가진 멸치 액젓은 어디에나 잘 맞는다. 그리고 솜씨 좋은 종갓집에서 먹는 탄산수처럼 톡 쏘는 듯한 동치미 맛은 오래된 조기젓이 고양이 눈처럼 노랗게 익어 맑게 된 것을 동치미 항아리에 한 사발 부어 두면 그런 맛이 난다.

고춧가루

　멕시코가 원산지인 고추가 지구를 한 바퀴 돌아 우리나라
에 유입된 것은 약 1600년대 초입으로 보고 있으며 일본을
통해 들어왔다는 설도 있지만 정확하지는 않다. 처음 이름은
‘남만초’ ‘왜초’ ‘왜겨자’라고 했다. 세계적으로 고추 품종이
다양하지만 캡사이신(capsaicin)의 정도에 따라 나뉜다. 캡사
이신의 정도를 측정하는 방법은 스코빌 척도(Scoville scale)라
고 한다.

　우리나라 사람들은 매운 맛이 강한 고춧가루를 좋아하는
경향이 있다. 그래서 청양고추가 육종됐을 것이다. 청양고추
는 청양 지역에서 만들어진 것이 아니고 1985년 유일용 박사
팀이 우리의 재래고추와 태국 고추를 교접해서 만든 것이다.
처음 재배된 곳이 경북 청송과 영양이라 청양고추라고 명명
했다고 한다. 청양고추는 매운 맛뿐 아니라 당도도 높은 편
이라 매운 고추를 좋아하는 사람들이 선호하는 고추이다. 하
지만 세계에서 가장 매운 고추는 사천고추(Sichuan pepper)다.
코스빌 측정 결과 청양고추는 4,000~7,000, 프리키누(phrik
khi nu)는 40,000~70,000, 사천고추는 100,000이 나왔다.

　동남아에서 흔히 보는 구기자보다 작고 아주 매운 고추가
바로 프리키누나 사천고추다. 우리나라에서 재배되는 고춧

가루용 고추는 약 10~20여 가지가 육종되어 농가에 보급되고 있다.

시골에 들어와 살면서 이런저런 농사를 짓다 보면 애태우는 일도 많지만 재미난 일들도 생긴다. 약을 주지 않고 고추를 키워 볼 생각으로 정성을 다해서 키웠던 해는 풋고추밖에 먹어 보지 못했고, 장마에 물이 많아 뿌리가 상해서 말라 죽기도 했다. 그래서 다음해엔 옆에서 자라는 풀들을 뽑아주지 않고 함께 자라게 했더니 고추들이 자기들이 풀인 줄 알고 얼마나 강하게 자라는지 세번까지는 정상적으로 따서 말렸다. 그렇게 키운 고추가 얼마나 곱고 맛이 좋던지, 그런 감격은 경험하지 않은 사람들은 모를 일이다. 역시 농약을 한 번도 안 주었더니 네 번째 딸 무렵이 되자 탄저병이 와서 못 따게 되긴 했다.

아마도 일반 소비자들은 고추농사에 얼마나 많은 농약이 들어가는지 잘 모를 것이다. 어느 시골 어른이 세 번째까지 딴 고추는 팔고 네 번째 딴 고추부터는 집에서 먹는다고 하시면서 두세 번째 딴 고추가 가장 좋긴 해도 늦게 딴 것이 농약을 덜 먹어다고 말씀하셨다.

우리가 김장을 준비할 때 고춧가루를 사는 것보다 직접 빻는게 좋다. 마른 고추를 사다가 면장갑을 끼고 초벌 닦은 후 물행주로 여러 번 닦아내서 햇볕에 바삭하게 말려서 빻으면 된다. 부지런한 주부들은 재래시장에 가서 물고추를 사다 말리기도 하는데 그렇게 하면 저렴하긴 하지만 너무 힘들고 자칫 고추가 상해서 못 쓰게 된다.

자연 건조에도 방법이 있다. 무조건 태양 아래 둔다고 해서 건고추가 되는 것은 아니다. 고추가 나오기 시작하는 시기는 그야말로 작열하는 태양의 위력이 대단할 무렵인데 그대로 고추를 햇볕 아래 널어 두면 고추가 하얗게 바래지다가 곯아서 썩는 것이 많아진다. 조금이라도 덜 익은 것이 많기 때문이다.

무농약으로 기른 고추는 씻을 필요가 없다. 효모가 묻어 있는 그대로 말려 쓰는 것이 최상이다. 그래도 고추를 2~3일은 햇볕에 널지 말고 서늘한 곳에 펴 두면 일종의 발효를 일으킨다. 빛깔도 더 고와지고 당도도 더 높아진다. 푸른빛이

도는 바나나를 2~3일 뒀다 먹으면 더 맛있는 원리와 비슷하다. 포도뿐 아니라 모든 열매에는 효모가 달라붙어 있다. 이 효모들은 부패가 아니라 1차 발효를 통해 더 좋은 맛으로 숙성시켜 준다. 고추뿐 아니라 우리가 즐겨 먹는 커피는 일단 추수하면 3~4일, 초콜릿의 원료인 카카오도 12일 가량을 겉피와 함께 발효시킨 뒤 겉피를 제거해야 그 맛과 풍미가 좋아진다. 그런 과정을 거쳐 말린 고추와 밭에서 바로 건조기로 들어가는 고추와는 그 깊은 맛과 성분에서 차이가 많다.

김치 담그기

절이기

나의 어머니는 진주 강씨 집안 외동딸로 곱게 자라시다가 경주 이씨 집안에 시집을 오셨다. 나의 할머니는 갓 시집 온 어머니에게 배추 두 접과 소금 한 말을 내주고 절이라고 하시고는 동네 마실을 나가셨다고 한다. 눈앞이 캄캄했지만 천성이 상냥한 어머니는 아무리 생각해도 그 많은 배추를 소금 한 말로 절일 수 없을 것 같아 이웃집 할머니를 찾아가 사정을 이야기하셨다. "며느리 일 잘하나 보려고 숙제 준 모양일세, 곱디 고운 손으로 뭘 해봤겠어." 이웃집 할머니께서는

웃으시며 배추 절이는 법을 상세히 가르쳐 주셨단다. 어머니는 그 할머니에게 배운 배추절임 기술을 나에게 가르치셨고, 또 나는 딸들에게 가르쳤다. 배추를 절인다는 것은 참으로 놀라운 일이다.

60년 전 이웃집 할머니가 어머니에게

"배추 누렁 잎은 제치고 뿌리를 바싹 잘라 정하게 다듬어 놓고, 배추 한 접당 물 두 동이에 소금 두 되를 잘 풀어서 큰 그릇에 부어 놓고, 잘 골 타놓은 배추를 한 통씩 소금물에 담가서, 배추 깊은 속까지 소금물이 들어가도록 담가서, 큰 항아리나 큰 그릇에 담가 놓고 남은 소금물이 있거든 배추 위에 붓고 덮개를 덮어 하루쯤 두었다가 다시 속엣것과 겉엣것을 뒤집어서 바꾼 후에 다시 하루밤낮을 절였다가 씻으면 되어. 한 통씩 정성스레 잎사귀 틈에 모래가 끼이지 않도록 정밀하게 씻을 것이니 소쿠리에 건져 두었다가 소를 넣을 것이야. 배추를 이틀씩이나 절이지 않을 것이면 배추를 겉만 절여서 씻어 가지고 속에 소를 넣을 때 소금을 뿌리면서 하면 연하고 달고 맛있지.”

어머니는 나에게

“배추 100포기 절이는 데 소금 한 말이면 배추가 아무리 커도 충분하단다. 우선 반 말만 큰 그릇에 배추를 다 적셔 낼 만큼 소금물을 만들어서 배추를 푹푹 적셔서 배가 위로 가게 가지런히 엎어 놓지 말고 노란 배가(반으로 자른 배추의 노란 속) 위로 가게 놓은 다음 뿌리 쪽 줄기에 나머지 소금을 솔솔 뿌려 둔 후 남은 소금물이 있거든 그 위에 붓고 무거운 것으로 꾹 눌러 뒀다가 6시간 정도 지난 후에 한번 손을 쳐서 위아래를 바꿔서 다시 꾹 눌러 두었다가 간이 푹 죽으면 씻어서 물을 뺀 다음 버무리면 된단다.”

내가 딸에게

"이쁜 딸들! 배추를 절이는 현장을 목격한다는 것은 너희 인생에 크나큰 자원을 얻는 일이란다. 절여지지 않은 배추는 이렇게 빳빳해서 던지면 부서지기 쉽고 놔두면 쉬 썩고 무겁기만 한단다. 그런데 이 배추가 소금물에 들어갔다 나오면 착하고 순해져서 던져도 깨지지 않고 그냥 둬도 쉬 상하지 않을 뿐 아니라 다루기 편해진단다. 바로 발효를 시작할 수 있는 조건이 되는 거지. 인간들도 겸손으로 절여지지 않으면 지 잘난 맛에 살다가 결국은 자기만 다치고 제 속 썩기밖에 더 하겠냐. 발효의 시작은 절이는 것이야. 사람도 힘 빼고 겸손히 절이지 않으면 발효될 수 없단다. 살아있는 것과 죽은 것의 차이는 발효되는 것과 썩는 것의 차이란다. 절이는 방법은 할머니의 방법과 별 다를 바 없지."

김치 담그기는 학습이 아니고 경험이다. 누구도 김치 담그기를 노트와 연필로 배우지 않는다. 오감을 통한 경험으로 담근다. 보고, 듣고, 느끼고 , 맛보고, 냄새 맡고 이런 감각적 경험이 김치에 대한 직관을 상승하게 한다. 사람은 오차 없는 엄격한 결과보다 자기 경험을 토대로 성상한 식판을 통해서 선택하기 때문이다. 김치를 버무리는 것은 그런 의미에서 계량이 필요 없다. 그리고 발효식품에서는 엄격한 계량을 만들어 내기가 매우 어렵다. 똑같은 배추김치라 해도 계절에 따라 절이는 시간과 염도에 차이를 줘야 한다. 정말 맛있게 절이기 위해서는 배추 속잎을 하나 따서 씹어 보면 절이는 소금의 양을 가늠할 수 있다. 이런 감각은 경험밖에는 달리 알아낼 수가 없는 기술이다. 속 재료도 제철에 나는 재료를 활용해야 한다. 꼭 들어가야 할 것과 꼭 들어가서는 안 될 것의 구분이 없다. 통배추 김치는 예로부터 현재까지 우리 식탁에 빼놓을 수 없는 부식이며 또한 찌개, 부침, 볶음류의 주된 부식 재료이다.

버무리기

다음은 60년 전 내 어머니가 친할머니께 배웠던 방법이다.

김장김치

재료: 무 채친 것 두 동이, 황석어젓 또는 멸치젓 한 말, 찹쌀가루 큰 두 되, 실고추 세 사발, 마늘 반 접, 파 열 사발, 생강 두 사발, 미나리 세 사발, 청각 다섯 줄기, 고춧가루 한 되, 소금 닷 되, 깨 한 홉, 소금 두 홉 수북이

"이 여러 가지 재료를 다듬고, 씻고, 채를 치고, 다져서 한

데 잘 버무린다. 맨 먼저 채 친 무에 소금을 고루 섞어 실고
추로 고춧물이 무에 빨갛게 들거든 나머지 재료들도 다 섞
어 찹쌀 풀을 쑤어 한데 버무린다. 버무린 것으로 소를 넣어
항아리에 차곡차곡 담아 꾹 눌러서 짚을 엮어 항아리 옷을
해주거나 땅을 파고 묻거나 의지간을 지어 김치 항아리들을
둬서 겨울에 얼지 않도록 해두고 먹느니라."

석박지

재료: 무 썬 것 한 동이, 배추 썬 것 반 동이, 실고추 한 사
발, 미나리 두 사발(한 치 길이로 썰 것), 파 두 사발(채 썰 것), 마
늘 반 사발, 생강 한 종지, 갓 두 사발, 배 반 사발, 밤 반 사발,

조기젓 세 마리(조기젓은 뼈를 발라내고 살만 닷 푼 길이로 썰 것), 낙지 스무 마리(껍질을 벗기고 살짝 데쳐 한 치 길이로 썰 것), 전복 다섯 개(깨끗이 씻어 종잇장처럼 썰 것), 우육 한 덩어리(곱게 채를 쳐서 참기름과 진간장을 넣어 볶아 둘 것)

"이렇게 준비된 재료를 다 함께 넣고 잘 섞어서 독에 꼭꼭 눌러 담고 잘 절여진 우거지로 잘 덮고 돌로 눌러서 2~3일 두었다가 국물을 만들어 붓되 국물은 물 한 동이에 진한 조기젓 다섯 사발을 넣고 펄펄 끓인 다음 채에 받쳐서 부어 두었다가 먹느니라.

석박지나 보쌈김치는 재료나 담는 법이 매한가지지만, 재료가 많이 들어가, 없이 사는 집에서는 담그기 어렵거니와 우리 집에서는 즐겨먹는 짐치이니 잘 배워 후손에게 전하도록 하여라."

내 어머니가 30년 전 내게 알려 주신 방법

"맛있는 김장짐치를 담그려면 먼저 젓을 잘 담가 둬야 한다. 보릿누름쯤(보리가 누렇게 익어갈 무렵)에 조기젓을 담가야 하고 황석어는 알이 차는 음력 4월 후순께 담가야 맛있단다. 음력 5월엔 오젓을 사다 담그고 6월엔 육젓을 사다가 담가

51

뒤야 여자는 갑자기 손님이 집에 와도 자신 있게 채전에서 지거리만 뜯어다 상을 차려도 입맛 까다로운 사람들까지 흡족하게 먹게 할 수 있단다.

그뿐이겠냐. 남자는 나가서 돈을 벌어 와야 하듯 여자는 집에서 가족의 건강을 위해 매 끼니마다 여러 가지 찬거리 잘 준비해서 먹여야 하니 맛난 젓갈은 짐치 맛뿐 아니라 백 가지 음식 맛을 바로 내는 비결이다. 좋은 장과 젓국으로 간을 해야 하니까 미리미리 준비해서 몇 년씩 묵혀 두고 먹어야 한단다."

어머니의 김장 강의는 그 추운 겨울 장독대에서 수많은 젓갈 항아리들을 열어 보면서 이렇게 시작됐다.

"이 조기젓은 3년된 것인데 고양이 눈알처럼 노랗게 익어야 비린내도 안 나고 동치미 담글 때 한 사발만 부어 놓으면 사이다보다 더 톡 쏘고 맛있는 비결이란다. 이 멸치젓은 작년에 담가둔 것인데 폭 삭아 버렸네. 좀 싱거웠던 모양이다. 이것도 김장 김치에 쓰면 좋은데 많이 넣으면 김치 색이 어두워져서 우리는 액젓만 떠 쓰고 육젓은 풋고추를 박아 놨다 밑반찬으로 쓴다. 이것은 가자미젓인데 가자미젓은 1년만 놔둬도 다 삭아서 뼈는 가라앉고 위에 기름이 굉장하단다. 이 때 가을에 탈곡을 마치고 나면 짚단을 구해서 정갈하게 씻어서 말려 뒀다가 똬리를 틀어서 넣어 두면 기름을 다

흡수해 연한 분홍빛이 도는 맛난 가자미젓국만 남게 된다. 그걸 떠서 배추 겉절이를 하면 임금님 밥상도 부럽지 않게 맛있단다.

이 도가지(독을 뜻하는 경상도 사투리)들은 새우젓도가지들인데 이것은 육젓, 저건 오젓, 이건 봄젓, 저 가장자리 것이 추젓인데 새우젓도 이것저것 다 있어야 음식 만들 때 좋은 것이란다.

이리 좀 와 봐라. 이것이 갈치속젓인데 젓 중에 제일 맛난 액젓이 바로 갈치속젓에서 나오는 액젓이라 오래 묵혀 두고 먹으면 김치뿐 아니라 여러 가지 맛내는 데 그만이란다. 특히 고춧잎 김치에 갈치속젓을 다져 넣고 담그면 오래 두고 먹어도 그 맛이 변하지 않고, 겨울에 콩나물국을 끓여서 고춧잎 김치를 풀어 먹으면 맛이 좋을 뿐 아니라 감기도 걸리지 않는단다."

당시는 그 항아리가 그 항아리 같았고 함께 배우던 우리 언니는 젓갈 냄새를 무척이나 싫어해서 급체하는 소동까지 벌어질 정도였지만 지금은 어머니가 말씀하시던 그 맛을 알겠다고 이야기하는 것을 들었다. 잘 익은 황석어젓을 달일 때는 그 구수하고 특별한 맛과 냄새를 잊을 수가 없다. 당시에는 모두 잔소리 같고 귀담아 듣지도 않았는데 곱씹을수록 귀한 가르침이시다.

　어머니는 김장 때 여름에 먹을 김치를 따로 담그셨는데 달이지 않은 생젓국으로 파, 마늘, 생강, 고춧가루만 버무려 소를 넣지 않고 담갔다가 여름 김치로 쓰셨다. 땅속에 묻었다 한여름에 꺼내 먹는 그 묵은지! 주황색으로 발효된 맛은 믿을 수 없이 다양한 맛을 내는 밥도둑이었다. 지금도 그 묵은지 생각만 하면 입 안 가득 침이 고인다. 입에 들어갈 때의 맛과 씹을 때 질긴 듯하면서 아작거리는 맛, 나도 모르게 빨리 삼키기던 그 맛이 한없이 그립다.

　그리고 들깨로 찹쌀 죽을 진하게 쑤어 넣어 담그시던 총각김치의 달작지근한 아삭거림, 새콤하게 익어 가던 파김치, 사이다보다 더 톡 쏘던 동치미……. 그래도 가장 중요한 것은 통배추 김치였는데 어머니는 마법의 스프를 만들 듯이 내가 알고 있던 식재료는 다 집어넣는 듯했다.

나의 어린 시절 어머니는 만두소와 김치소를 만드실 때 그 수를 헤아릴 수 없이 많이 넣었던 기억이 난다. 어머니는 무엇을 얼마만큼 넣으라는 말씀보다는 미리미리 철마다 좋은 식재료를 잘 준비해 두었다가 그 철에 나온 온갖 채소류, 곡류(들깨, 찹쌀, 흑임자, 참깨), 과일류(사과, 배, 대추, 밤), 어패류(소라, 전복, 낙지, 동태, 갈치, 다시마 청각), 육류 등을 모두 한데 넣어 섞고 황석어젓, 멸치젓, 조기젓, 새우젓으로 간을 해서 버무린 것으로 배추김치의 속을 넣었는데, 나는 아직 어머니의 김치보다 더 맛있는 김치는 세상에서 보지 못했다.

어머니는 김장 수업을 마무리할 때 항상 이 말씀을 하셨다. "내 손맛 네 손맛 해도 김치 맛은 좋은 재료로 만든 정성이고 그 나머지는 항아리 속에서 내주는 것이다." 가을에 담그는 김장김치는 1년 중 가장 좋은 김치 재료가 생산되는 시기이기 때문에 많은 재료를 넣지 않더라도 여러 가지를 섞어서 버무려 두기만 해도 간만 맞으면 시간이 지남에 따라 다 맛있게 된다고 어머니는 말씀하셨다.

어머니가 새색시 때 배운 김장김치와 석박지 담그는 법이 섞여서 어머니만의 김치가 탄생한 듯했다. 그리고 어머니는 이런 말씀을 곧잘 하셨다. "지금처럼 먹을 것이 많고 맛있는 것만 찾는 시대에 옛날처럼 김장하면 짜고 맛없다고 해. 짠 걸 누가 먹겠어? 이제는 모든 것이 발달해서 김치도 맛이 많이 발달해야 할 때야."

지금 내가 딸들에게 전하는 우리 문화의 꽃, 김치 이야기

"지금은 엄마 또래들도 김장 안 하는 집이 많지만, 우리는 내가 죽기 전까지는 그런 일 없다."

딸들은 단호한 나의 태도에 대해 맘속으로는 어쩔지 몰라도 단 한 번도 '안 한다. 못 한다'라는 말을 하지 않은 것에 대해 고맙기만 하다.

"너희들은 엄마 덕분에 참 귀한 능력을 갖추게 되는 거야. 결혼하더라도 김장하는 날은 네 남편들까지 꼭 휴가 받아서 함께 김장하러 오는 것이 불문율이게 해라"라고 말하면 웃으면서 그러겠노라고 대답을 한다. 난 마음속으로 염원한다. 언젠가 내가 세상에 없어도 우리 손자 손녀는 내 딸에게 '세상에서 가장 맛있는 김치는 자기 엄마가 담근 김치'라고 이야기하겠지? 생각만 해도 신난다.

호들갑스럽게 시작하는 김장 때문에 현직 방송국 프로듀서인 남편은 출장도 미루고 휴가를 받아야 한다. 뮤지션인 큰딸과 새끼영화감독인 작은딸은 더더욱 시간을 내기도 어렵다. 김장 때만 되면 참으로 요란스러운 집이다. 김장은 분명 김장이 나 이외에 가족들에게는 뜨거운 감자일 것이다. 분명 기쁘고 즐거운 일만은 아님을 잘 알지만 나의 이 억지가 거듭되면서 김장은 우리 집안의 축제가 되어 갈 것이라고 본다. 그리고 이 축제가 집집마다 확산되어 우리 민족의 자긍심이 되기를 간절히 바란다.

생각해 보면 나의 어머니는 김치 담그는 법을 가르쳐 주신 적이 없다. 그냥 어머니 하시는 대로 따라오라고 하셨다. 그래서 졸졸 따라다니다보니 배우게 됐다. 나도 딸들에게 따라 다니게 한다. 배추밭이나 농수산물 시장에 가서 배추 고르는 것부터 나를 졸졸 따라 다니게 하면서 보여 준다. 배추든 무든 그 자리에서 잘라 먹어 본다. 나의 어머니가 그러셨던 것처럼. 이제는 딸들도 어떤 배추가 속이 노란지 어떤 배추가 단맛이 안 나는 것인지 구별할 줄 안다. 그렇게 가져온 배추를 자를 때도 이젠 왜 내가 칼집을 반만 넣어서 가르는지도 안다.

"아빠, 끝까지 자르면 배추 잎이 다 잘려서 씻을 때 다 떨어져요."

배추를 씻을 때도 제법이다.

"엄마, 씻는 것은 힘드시니까 젊은 우리가 할게요. 두 시간 정도 간국을 빼고 물에 오래 담가 두지 말고 빨리 씻어 건지

면 되죠?"

나의 어머니가 그러셨던 것처럼 다양한 속 재료들을 다듬고, 씻고, 갈고, 채를 쳐서 찹쌀 죽, 젓국, 과즙 등을 넣어 버무린 다음 한 시간 가량 놔둔다. 그러면 모든 재료들이 맛이 배고 삼투압 현상을 일으켜 적당한 국물이 나온다. 이 상태를 나는 '화'됐다고 말한다. 김장하는 날의 점심은 돼지고기 수육에 먹는 배추보쌈이 최고다. 식사를 마칠 무렵 딸들에게 이른다.

"속 재료가 화됐는지 보고와라."

딸들은 "엄마, 김장이 화났네요" 하면서 깔깔거린다.

'화'됐다는 것은 수많은 재료들이 서로의 맛과 향이 어우러져 가장 조화로운 상태가 되었다는 뜻이다. 그러면 다시 마른 고춧가루를 조금 더 넣고 볶은 참깨와 흑임자를 넣어 뒤적이면 화의 극치가 된다. 어머니께서 항상 "양념들이 '화' 해지게 점심 먹고 버무리자"라고 말씀하시곤 했다. 그 '화'해진다는 말씀을 이제야 알 듯하다.

우리는 이제 김장을 하고자 하는 맘만 먹으면 다양한 김치 담그는 법과 레시피(recipe)가 버튼 한 번만 눌러도 언제나 우리 손안에 들어오는 세상을 살고 있다. 그러나 김치의 레시피라니 좀 섭섭한 맛이 느껴진다. 우리 발효음식은 레시피로 담그는 것이 아니고 철저히 오감적 경험으로 담그는 것이기 때문이다.

그래서 김치 담그기에 실패란 없다. 처음엔 기대한 맛이 안 나왔다고 해도 시간의 흐름에 따라 김치 맛은 깊어진다. 발효된 김치로는 다양한 요리를 할 수 있기 때문에 김장은 실패가 없다. 그러므로 김장은 기능이나 기술이라기보다는 건강한 정신에서 출발된 문화의 가치로 볼 수 있다. 일찍이 김구 선생님이 한없이 가지고 싶어 하시던 것은 '높은 문화의 힘을 가진 국가'가 아니었던가! 문화의 힘은 멀리 있는 것이 아니다. 그리고 가족을 사랑하는 아름다운 수고가 '화'해질 때 우리의 몸도 마음도 건강해지리라 믿는다.

매월 첫째 주 토요일은 경기도 양평군 강하면 왕창리 10번지에서 짐치 담그고 싶은 사람들이 모여 가족이 먹을 짐치를 담근다. 이름하여 "짐치로부터"인데, 누구나 참여할 수 있으며 김치통만 들고 오면 된다. 재료비는 함께 나눈다. 정성스럽게 김치를 배우고 직접 만들어 먹고 사는 생활이 전국으로 확산돼 나가기를 소망해 본다.

짐치로부터 건강이 시작됩니다.
짐치로부터 문화가 꽃피웁니다.
짐치로부터 경제가 회복됩니다.

2부

식초 이야기

식초의 원료, 자연 발효주

최초의 술

술은 인류 최초의 발효식품이다. 전통 발효식품의 제조는 자연을 지켜보다가 힌트를 얻어 시작된 것이라 생각한다. 인류 최초의 발효식품은 벌꿀술이라고 추측한다.

북아프리카 사하라 사막 끝자락에 사는 종족을 찾아갔던 일이 있었다. 에티오피아에 속해 있다고는 하나 사실상 국가의 관리 밖에 있는 사막에 사는 종족들을 만나면서 석기시대를 경험한 기분이었다. 그들이 우리에게 줬던 음료는 벌꿀술이었다. 목청(속이 빈 나무 속에 벌들이 꿀을 모아 둠)을 따다가 커다란 박에 구멍을 내서 꿀을 보관하고 있었다.

길도 없는 사막을 달려가서 만난 까만 피부의 사람들은 자신들이 태어나서 처음 보는 외국인을 조금이라도 가까이서 보려고 했다. 그 모습에서 외국인에 대한 두려움과 호기심이 느껴졌다. 그들이 외국인에게 내주는 것은 신의 음료라고 믿는 벌꿀술이었다. 알코올의 농도가 약하기는 해도 꿀에 물을 섞어 발효시킨 자연스런 맛이었다.

목청이든 석청이든 고여 있는 통나무나 돌 틈으로 비가 스며들어가 자연 발효를 일으켰다면 원시적 발효식품이지만, 사람이 의도성을 가지고 꿀에 물을 부어 발효시켰다면 호모사피엔스의 발효인 것이다. 원시와 문명의 차이는 바로 그것이다. 북아프리카와 연결되는 사하라 사막 끝에서 만난 잊힌 종족들에게서 대접받은 벌꿀술이 나에게 발효식품의 기원에 대해 아득한 상상을 하게 했다.

고대인들이 자연발효된 벌꿀술을 찾아내 마시고 기분 좋아지는 상태를 경험하면서 신이 인간에게 준 선물이라고 믿었으리라 생각하면 참 재미있다. 저들은 벌꿀술을 발견만 하는 것에서 만족하지 않고 자연현상에서 관찰된 것을 의도적 조건을 만들어 벌꿀술을 만들어 먹기 시작했을 것이다. 이렇듯 어떤 발효식품이든 주재료에 효모들이 달라붙어 미생물들이 번식하게 되면 의도하지 않은 새로운 식품이 탄생된다. 사고하는 특성을 지닌 인간은 발효현상을 알아채고 모방하면서 발전해 왔으리라 생각한다.

이렇게 인류의 삶속에 들어온 술이 강력한 에너지로 자리하게 된 것은 술이 주는 정서적 변화의 특성 때문이었을 것이다. 사나운 짐승과 자연재해에 노출돼 있던 원시인들은 자신의 의지로 조절할 수 없는 자연현상에 적응하면서 항상 긴장된 상태로 살았을 것이다. 이런 상황 속에서 우연히 달콤한 벌꿀술을 마시고 긴장에서 이완됨으로써 인류는 평소와 다른 힘과 용기의 증폭을 경험했을 것이다. 뿐만 아니라 진통효과까지 알게 되면서 신이 내린 선물이라고 믿기에 충분했으리라. 이렇게 만들어지기 시작한 술은 지구촌의 모든 종족과 국가에서 눈부시게 발전해 왔다.

우리 술

어느 국가 어느 민족이나 그 땅에서 생산되는 재료를 발효시켜 술을 만들어 왔다. 그중 우리나라는 유구한 역사만큼이나 길고 긴 술의 역사와 탁월한 양조기술이 발달했음을 중국의 고대 문헌을 통해 짐작할 수 있다. 뿐만 아니라 조선 시대에는 중국과 일본에 우리의 술을 수출하기도 했다. 이렇듯 우리나라의 전통 양조기술의 명맥은 조선 시대까지 잘 보존되고 있었다. 각 지방과 가정에서 비전되던 가양주도 다양했다. 그러나 일본의 변태적 식민지 통치가 우리의 술 문화까지도 난도질을 한 것이 한탄스럽다.

일본이 우리에게 강행했던 주세령은 조선총독부의 수탈 기반을 확보하는 것도 목적이었겠지만, 우리 전통 양조기술의 명맥을 끊으려는 목적도 있었을 것이다. 일본은 당시 크게 세 가지로 나뉘던 양조주, 증류주, 재제주 등 가양주의 제조를 금지했으며, 탁주, 약주, 소주의 제조만을 허용했다. 분량도 철저하게 제한해서 탁주, 약주는 2석, 소주는 1석으로 히고 위반 시 주세의 5배에 달하는 벌금을 부과했다. 언뜻 보기에 식민통치에서 다분히 일어날 법한 세법일 수 있으나 자세히 들여다보면 우리의 주류문화와 양조방법에 대한 약탈이다.

명품은 예나 지금이나 소규모 가내공업의 역사성에서 찾을 수 있다. 주세령으로 소규모의 제조 형태를 방지하고 자본력이 있는 업체에만 주세까지 면제해주었으며, 국내 소비뿐 아니라 수출도 하게 했다. 그런 36년의 변태적 역사가 3,600년의 술의 문화와 발전 가능성을 말살했다는 데 통탄을 금할 길 없다. 세계 어느 나라 어느 기록에도 없는, 변태적 식민통치를 하면서 성을 바꾸고 언어를 바꾸고 먹고사는 먹고살아 온 고유 음식까지 바꿨던 식민통치였던 것이다.

일본인들이 우리 조상으로부터 대대로 내려오던 양질의 주조법을 빼앗아간 것이다. 일단 수많은 약주, 곡주, 증류곡주를 제조하지 못하도록 법을 만들어 합법화시킨 것이다. 우리에게 제조가 허용된 술이란 단순한 탁주, 약주, 소주에 불과했는데, 그러한 법이 현재까지도 이어지고 있는 형편이니 통탄하지 않을 수 없다. 일본인들은 자연스럽게 전수되고 발전해야 하는 우리 술들을 계승 자체가 안 되도록 금지시켜 놓고, 우리의 전통 양조법을 훔쳐다가 다양한 곡주와 증류곡주를 발전시켜 이제는 우리에게 역수출하고 있다.

우리의 막걸리가 일본에 수출되고 있다지만 우리는 값싼 막걸리를 우리의 대표 술이라고 자랑스러워 할 것까지는 없다. 일본의 얄팍한 상술을 눈여겨볼 필요가 있다. 막걸리 수출보다 사케 수입이 더 많다. 일본은 사케를 고급 술로 발전시켜 우리에게 수출하고 있는 것이다.

백제 때 우리가 일본인들에게 양조기술을 전수한 기록이 일본의 역사서에도 엄연한데 아직도 눈 가리고 아웅이다. 이걸 알아차린 우리는 천둥 같은 분노의 소리가 술 끓는 소리처럼 우리 가슴에서 들리지만 분노만 할 일이 아니다. 우리

스스로 삼복더위에 황국을 만들어 내고 마을마다 집집마다 항아리 가득 술 익는 냄새가 나게 해야 한다. 그러기 위해서 일본 통치 때부터 금지된 가양주 제조와 판매 금지가 이젠 풀려야만 한다. 누구를 위한 금지인가?

술 항아리 속에서 참으로 많은 전설 같은 이야기들도 함께 익어가던 우리 선조들의 멋과 흥이 우리에게 되살아나야만 한다. 주막마다 정성스레 술을 빚고 잘 익은 맑은 술을 떠낸 후 물을 부어 인심 좋게 걸러낸 막걸리 한 사발씩 나눠 마시며 좋았던 그 웃음이 되살아나야만 한다. 그래야 우리의 오래된 발효의 명성이 경쟁력이 되고 경제력이 될 것이다.

술 익는 마을

박목월 선생님의 「나그네」라는 시를 읽노라면 무념무상 속에서 유유자적하며 걷는 나그네의 평화가 느껴진다. 노을 지는 저녁 하룻밤 유숙할 집을 찾아들고 싶어진다. 잘 익은 술 한잔 얻어 마시며 달이 중천에 휘영청 오를 때까지 주인과 오랜 지기처럼 지나온 이야기꽃을 피워 내며 사람 냄새, 술 냄새에 취할 것 같은 설렘이 느껴진다. 배부른 항아리에서 익어가는 술 냄새는 이렇듯 우리에게 알코올 이상의 가치인 것이다.

이제 우리는 그렇게 가난하지 않다. 집에서 쌀로 술을 빚을 수 없을 만큼 쌀 뒤주가 빈 것도 아니다. 일본 순사에게 잡혀가야 할 만큼 술 빚을 주권(酒權)이 남의 손에 있는 것도 아니다.

작은 마을에서 슈퍼마켓을 운영하는 분에게서 들은 이야기다. 동네 노인들 중에 날마다 소주를 사가는 사람은 2~3년 지나면 더 이상 술 사러 오지 않지만 매일 막걸리를 사가는 사람은 계속 온다고 한다. 무슨 뜻이냐는 나의 질문에 화학 소주는 수명 단축의 원인이 되지만 발효주는 수명 연장의 방법이 된다는 것을 자신도 슈퍼마켓을 하면서 알게 됐다고

했다.

술 담그는 법

나의 유년 시절에는 집으로 찾아오는 손님이 사시사철 많았다. 그 손님들을 대접하던 나의 할머니는 고향 근동에서 꽤 이름난 주조사였다. 덕분에 어린 시절 어른들이 술 빚는 모습을 자주 보곤했다. 누룩 밟기도 재미있었지만, 가장 좋았던 것은 술밥을 쪄서 고운 자리에 펴서 식힐 때 할머니가 한줌씩 집어 주시던 술밥이었다. 술밥은 어떤 간식으로도 대신할 수 없는 맛이었다. 찹쌀을 시루에 폭 쪄서 수증기가 구름처럼 피어오르고 그 사이로 하얀 수건을 쓰신 할머니의 얼굴이 보였다 안 보였다 하면 술밥은 잘 익어서 기름을 바른 듯 반짝였다. 이것을 내 주먹만 하게 꼭꼭 쥐어서 주시면 그 쫀득하고 구수하던 맛을 잊을 수가 없다.

이렇게 찐 찰밥을 잘 펴서 차게 식힌 후 누룩을 섞는데, 할머니는 쌀 한 말에 누룩 서 되를 섞는다고 하셨다. 이렇게 준비된 것을 밀술이 담긴 항아리에 부어 두면 2~3일 후부터는 멀리서 들이닥치는 소나기 소리가 나다가 마침내 가마솥에서 팥죽이 끓는 형상으로 술이 끓었다. 불도 때지 않는 항아리가 보글보글 팥죽처럼 끓는 모습이 신기하기만 했다. 그렇게 끓어오르다가 마지막 윗부분까지 다 끓고 나면 저절로 위 아래가 뒤바뀐 것처럼 홀딱 뒤집어지면서 맑은 술이 고인다. 용수를 박아 맑아질 대로 맑아지면 맑은 술을 떠서 쓰는데 이것이 모든 곡주 제조 방법이다.

곡주의 종류는 60여 종이 있는데 탁청정 김유(金綏)가 저술한『수운잡방(需雲雜方)』에 기록된 술의 종류만 보더라도 삼오주, 사오주, 만전향주, 두강주, 칠두주, 감향주, 백자주, 호도주, 상실주, 하일약주, 하일청부, 하일점주, 진맥소주, 일일주, 도인주, 유하주, 오주주, 백출주, 정향주, 십일주, 동양주, 보경가주, 동하주, 남경주, 진상주, 별주, 이화주, 오정주, 송엽주, 애주, 지황주, 건주, 황국화주, 지황주, 예주, 세신주, 황금주, 아황주, 경장주, 칠두오승주, 향료방 등이 있다.

더 맑고 독한 술은 곡주를 증류시킨 것인데, 우리나라의 증류주는 고려 시대부터 발달했다고 전해진다. 노주, 환노주, 홍노 등이 이 시기부터 발달해 온 독한 술이다.

발효식품과 고독한 열애를 하게 되면서 만났던 술은 나에게 단순한 술의 의미보다는 인문학적 차원에서의 사람을 이해하는 또 하나의 문이 열리는 경험이기도 했다. 할머니는 술을 잘 빚으시는 분이었지만, 아버지께서 영어공부를 위해 선교사들과 접촉하면서 우리 집안에 기독교의 복음이 들어오게 됐고, 그로 인해 우리 집안은 자연스럽게 술과 멀어졌다. 나도 유년기를 지나면서부터는 술 빚는 모습도 보지 못했고, 기독교식의 추도식이 있었을 뿐 제사를 지내지 않았기 때문에 집안에서 술 마시는 모습뿐 아니라 아예 술이 없었다. 그래서인지 나는 성인이 될 때까지 단 한 번도 술을 마셔 본 일이 없었다. 아니 더 정확하게 말하면 내가 전통 발효식품 제조에 빠져 술을 직접 빚기 전에는 술을 마셔 보지 않았다. 사실 지금도 술을 음용한다기보다는 촉각과 향기로 마신다고 해야 더 정확할 듯하다.

밑술의 숙성 정도는 항아리 속에 성냥 불꽃을 피워서 꺼지는지 타는지로 알아낸다. 또한 덧술이 잘 익어갈 무렵 팔을 항아리에 넣어 한 번만 저어 보면 피부에 와 닿는 술독의 느낌과 확 솟아오르는 주향으로 주도와 맛을 가늠하는 데 어렵지 않게 됐다.

술의 재료

술도 김치만큼이나 재료가 다양하다. 곡물, 과일, 채소, 약초 무엇이든 술을 만드는 데 주재료나 부재료가 될 수 있다. 세계 어느 나라든 그 나라를 대표하는 술이 있기 마련이다. 그리고 그 술의 주원료는 그 나라의 자연환경에서 성장이 적합하고 풍미가 깊은 재료일 수밖에 없다. 예를 들면 프랑스의 와인 원료인 포도, 독일의 맥주 원료인 홉과 귀리, 러시아의 보드카 원료인 밀과 옥수수, 중국의 마오타이 원료인 수수와 밀 누룩, 멕시코의 데킬라 원료인 용설란, 아일랜드의 진 원료인 노간주나무 열매, 일본의 사케 원료인 쌀 등이다. 공통점은 어느 나라 어느 술이든 원재료를 발효시키거나 발효된 술을 증류시켜서 알코올의 농도를 높였을 뿐이다. 그러나 그 나라를 대표하는 술 중 자연발효 술이 아닌 것은 유일하게 한국의 화학소주이다.

중국의 고대 문헌에 보면 동이족은 술 담그기와 젓갈 담그기를 잘 한다는 기록이 있다. 곧 우리는 누구보다 발효주를 잘 만들 수 있는 사람들인데 나라를 대표할 만한 술이 화학주인 소주와 막걸리라고 한다면 자랑스러울 것은 없다. 소주는 일제 강점기에 문화말살과 국민의 건강을 고려하지 않

은 의도성을 가지고 법령을 만들어 정착시킨 잔재일 뿐이다. 불과 100년 전만 해도 우리의 술은 다양했으며 우리 땅에서 나는 순수한 원료들로 자연발효를 해서 증류하지 않아도 우리 국민이 가장 좋아하는 주도인 20도 전후의 술을 만들어 마셨다. 집집마다 장독대 한쪽에는 소줏고리가 있어 증류를 해서 소주를 내릴 줄 알았다. 그런 우리 민족이 화학주와 막걸리라니…….

막걸리는 가난한 노동자들이나 양반가의 머슴들이 고된 일을 할 때 마시던 것이었다. 맑은 술을 떠내고 남은 찌꺼기에 물을 넣어 술지게미를 걸러내고 마시던 걸쭉한 막걸리는 노동력 향상과 허기를 채워 주는 두 가지의 목적이 있었다. 술이라기보다는 노동자들의 음식에 가까웠던 것이다.

사실 내가 술 빚는 법을 배우게 된 동기는 양질의 식초를 만들기 위해서였다. 좋은 식초를 만들기 위해서는 먼저 좋은 술이 있어야 한다. 증류되지 않았지만 주도가 높은 술일수록 변하지 않는 양질의 식초를 만들 수 있다는 것을 과거의 문헌과 실제 경험에서 알게 되었다. 그러나 그러한 터득 과정을 기거 으면서 우리 근대사의 아픈 역사만큼 그 명맥이 끊어진 현실을 알아가면서 꺼시시 않는 분노를 어찌 한 수 없었다.

독자의 몸에 흐르는 피에 조선인의 DNA가 유전되고 있다면 선조가 친일이었건, 호남이건, 영남이건, 남한이건, 북한이건 일단은 우리 술 발효문화의 융성했던 과거의 명성을 하루 빨리 회복할 수 있도록 자신의 역할을 다하며 같은 곳을 바라봐야 할 책임과 의무가 있다.

초두루미

우리나라 식초 제조의 멋

한 국가나 민족의 문화가 형성되는 초기 상황은 실용성이었을 것이다. 인류가 기후와 먹을거리를 찾아 철새들처럼 떠돌이 생활을 하다가 농경문화가 시작되면서 정착하게 됐을 때 가장 필요한 것은 먹을 것을 담아 두는 그릇이었을 것이다. 든든 빗살무늬토기와 같은 모래톱이나 진흙에 꽂아 두고 쓰기에 좋은 토기를 사용할 때까지는 정착의 흔적을 찾아보기 어렵다. 하지만 본격적으로 좋은 주거지를 찾아 살게 되면서 먹을 것을 담아 둘 토기는 분명한 변화를 보인다. 밑이

판판해서 돌이나 마른 땅에 놓아두어도 흔들리지 않는 토기
모양의 변화가 정착생활을 입증하는 단서가 될 것이다.

그중 가장 아름다운 토기는 초두루미로 보인다. 긴 목
과 주둥이는 그 아름다움이 청자를 닮아 있고 배부른 몸통
은 담박한 달 항아리의 멋이 고스란히 녹아 있다. 초두루미
의 처음 사용연도는 불분명하지만 청자나 백자보다도 앞섰
다는 것에는 논란의 여지가 없을 성싶다. 초두루미는 흙으로
빚은 실용용기로서 호흡하기에 좋은 기능까지 갖추고 있다.
전통 발효 식초는 술 발효처럼 산소가 필요 없는 무기호흡

발효가 아니고 유기호흡을 하기 때문에 산소가 필요하다. 그래서 초두루미 윗부분의 주입구가 되는 입과 옆으로 나 있는 출구인 코를 통해 산소 공급이 원활하도록 설계돼 있다.

초두루미는 당대 예술가가 빚은 아름다운 토우보다도 더 아름답다. 토기 중 가장 아름다운 모습으로 부뚜막에서 여인들의 정서적 서방이 되어 살아온 긴긴 세월이었다. 그러나 주거환경의 급작스런 변화로 인해 우리의 아름답고 현명한 문화가 아침 이슬처럼 소리 소문 없이 사라져 버린 것이다. 가족의 건강을 지키던 초두루미의 복원을 간절히 소망해 본다. 우리의 어머니대만 해도 부뚜막의 초두루미에 새 초를 앉히면 왼손으로는 초두루미의 배부른 허리를 감싸고 오른손으로 목을 잡고 시계 방향으로 돌리면서 노래하듯 중얼거리셨다.

경상도 아낙은 "신서방아, 신서방아, 내캉 살자, 내캉 살자" 하고, 전라도 아낙은 "신서방, 신서방, 죽지 말고 나랑 살자, 죽지 말고 나랑 살자" 하고, 충정도 아낙은 "신서방님, 신서방님, 지랑 같이 질기게 살아 주셔유, 질기에 살아 주셔유" 했다.

소금과 식초 외에는 음식의 맛을 내주는 재료가 없었을 시절, 맛과 건강을 책임져 주던 식초 항아리를 서방처럼 여기고 함께 살아야 할 존재로 여겼을 아낙들의 심정에 가슴이 뭉클해진다. 진보한 문화란 이렇듯 실용 속에 삶의 아름다움이 녹아든 현상일 것이다. 일찍이 김구 선생님이 꿈 꾸셨던 국가는 문화의 힘이 강한 나라가 아니었던가? 초두루미 하나가 주는 가치는 단순한 기능이 아니고 긴긴 세월 전래동화처럼 우리의 삶을 정화해 온 가치라는 사실이다. 집집마다 부뚜막에서 초두루미가 질 높은 효소의 보고가되어 가족의 건강을 지켜 주던 가까운 과거가 잊히지 않고되살아나길 간절히 소망한다. 그러기 위해서 우리는 전통 발효식초의 가치와 제조 방법을 찾아내 실생활에 보존해 가자고 간곡한 마음으로 제안한다.

식초의 세계

식초에는 진통, 소염, 청혈, 해독 등의 탁월한 효과가 있음을 과학적으로 입증한 논문들이 속출하고 있다. 식초의 재료는 과일과 곡류로 나뉜다. 유럽은 포도로 만든 발사믹(balsamic) 식초가 샐러드를 비롯한 각종 요리에 사용되고 있으며, 미주 지역은 사과식초를 주로 사용하는데, 요리뿐 아니라 음료로도 많이 사용된다. 서양 사람들은 사과식초를 기적의 물이라고 한다. 그만큼 부작용이 없는 치료제이며 모든 질병의 예방법으로 여긴다. 동양권에서는 전통식초의 원료로 밀, 보리, 쌀 등 당이 주성분인 곡류를 이용해 왔다. 어느 국가든 정착되는 주식이나 기호식품은 그 기후와 토양에서 풍성하게 수확되는 것이 주원료가 된다.

미국을 예로 들면 드넓고 비옥한 땅에서 생산되는 엄청난 분량의 사과가 자연스럽게 발효 과정을 거쳐 식초로 만들어졌을 것이다. 텍사스 시골마을에 갔던 일이 있었는데 거리거리마다 사과나무에서 잘 익은 사과가 떨어져 수북수북 쌓여 있는 것을 말들이 와서 먹고 있었다. 모자이크 조각처럼 본 이 장면 하나로만 짐작해 봐도 미국의 토산물은 배고픈 아프리카를 다 먹이고도 남을 것 같았다. 캘리포니아의 오렌지 벨트나 애플 벨트를 가보면 세상 사람이 다 동원되도 저걸 다 먹어치울 수 있을까 싶을 정도다.

술과 식초는 풍요의 산물인지도 모른다. 사람이 먹고 남은 곡물과 과일이 부패되어 흙속으로 곧바로 환원되어 퇴비가 되지 않으면 착한 미생물들을 만나 새로운 물질로 변화되는 일이 발효이다. 이 발효 과정에서 효모를 만나면 알코올발효를 일으켜서 술이 되고, 알코올이 초산을 만나 발효되면 식초가 되는 것이다. 그런데 이 변화 과정도 재미있지만 발효의 결과도 재미있다.

앞에서도 언급한 바 있지만 막걸리는 맑은 술을 떠서 윗 사람들이 마시고 가라앉은 탁한 술에 물을 섞어 걸러낸 것이다. 막 걸렀다는 의미가 있다. 이 막걸리는 노동자들이 에너지를 내서 노동의 효율을 높이는 데 더없이 좋은 것이다. 왜냐하면 곡류에 열을 가하면 이당류나 단당류가 되는데 이당은 효모의 좋은 먹이가 된다. 효모들이 당을 먹고 자손을 번식시킬 때는 산소를 사용하지 않는 무기호흡을 하기 때문에 우리 선조들은 술독을 이불로 꽁꽁 동여매서 발효를 시키기도 했다. 이렇게 산소를 먹지 않은 무기호흡의 산물인 술은 에너지가 고스란히 남아 있다.

하지만 알코올과 만난 초산은 알코올을 먹고 번식하면서 산소 없이는 죽게 되는 유기호흡을 한다. 그 결과로 식초에는 에너지가 남아 있지 않다. 다만 엄청난 성분으로 변한 기적의 액체가 되는 것이다.

전통식초 만들기

식초를 만든다는 것은 동화 속 마녀가 초인적인 힘으로 마법을 걸기 위해 사람에게 먹게 할 마법의 스프를 만드는 것 같다는 생각을 할 때가 있다. 다른 점이라면 마녀의 스프는 자신의 목적 달성에 있지만 식초에는 사랑하는 사람들의 무병장수를 염원하는 마음이 담겨 있다는 것이다.

과거의 기록에 남아 있는 초 만드는 법 중 『음식디미방(飮食知味方)』에 수록된 내용이 있다. 『음식디미방』은 경북 북부의 안동 지방에 살았던 정부인 안동 장씨(1598~1680)가 말년에 저술한 음식 조리서이다. 음식디미방에 수록된 초 담그는 법은 다음과 같다.

　"밀 너 되를 유둣날 뭉그러지도록 쪄서, 닥나무 잎을 덮
어 아주 파랗게 띄워 말려라. 그것을 아주 잘 걸러 7월 초하
룻날 좋은 쌀 한 말을 불려라. 샘물을 남이 길어 가지 아니한
새벽에 가서 한 동이 길러서 동이물에 사람의 그림자가 비
치지 않도록 뚜껑을 덮어 두었다가, 낮쯤 되거든 밥을 쪄라.

사람이 손댈 만큼 밥이 식으면 누룩 한 되를 밑에 넣고 밀 서 되를 넣고 더운밥을 넣고 물 한 동이를 붓고 푸른 헝겊을 덮어, 생삼 스물한 가닥을 맺어 싸매라. 그것을 다북쑥으로 덮었다가 이레 후에 동으로 뻗은 복숭아 나뭇가지를 꺾어다가 뒤집어 두었다가 써라."

이 글은 마치 마법의 스프를 만드는 것 같은 주술적 의미가 담긴 듯하다. 이 글을 읽노라면 어린아이 같은 호기심이 발동해서 어느 시골마을로 들어가 동으로 뻗은 복숭아 나뭇가지를 꺾어 오고 싶어진다. 수세기가 지난 이 초 만드는 비법을 마음으로 받아 곱씹어 보면 이런 의미가 담겨져 있다.

① 밀 너 되를 유둣날 뭉그러지도록 쪄서: 유둣날은 음력 6월 15일이다. 유두는 여름 맞이 세시풍속인데 보리와 밀 추수를 마치고 모내기도 다 마친 시기다. 수박이며 참외 같은 여름 햇과일이 나기 시작할 무렵이기도 하다. 이 날은 남녀 무론하고 폭포나 개울로 나가 여인들의 삼단 같은 머리도 감고 밀전과 밀국수도 해먹으며 하루 쉬는 시간이다. 그런데 이 날에 현숙하고 부지런한 어머니는 가족들이 시원한 곳에서 쉬는 시간에 가마솥에 불을 지펴 통밀이 뭉그러지게 삶는다 했으니 무명저고리를 입은 등줄기와 젖가슴에 타고 내리는 굵은 땀방울이 보이는 듯하다. 통밀이 뭉그러지게 삶으

려면 족히 한 시간 이상은 불을 때야 할 것이다. 이렇게 밀을 익혀 누룩 재료를 만든다는 것은 여름휴가를 반납하고 가족들의 무병장수의 보고가 될 초 만들기를 시작하는 것이다. 왜 하필 이때란 말인가?

② **닥나무 잎을 덮어 아주 파랗게 띄워 말려라:** 닥나무는 줄기의 껍질을 삶아 한지를 만드는 종이 재료인데 나뭇잎의 모양이 어른 손바닥만하고 도톰하다. 이것을 따려면 또 얼마나 수고스러울까? 누룩을 만들기 위해서는 자연효모가 많이 달라붙어 있는 재료가 필요할 것이다. 물론 공기 중에 있는 효모들이 조건이 좋으면 달라붙어 잘 번식하지만 닥나무 잎은 뒷면에 작은 솜털들이 부드럽게 나 있어서 자연효모들이 달라붙기에 용이하다. 그리고 닥나무 잎은 도톰하기 때문에 쉬 마르지도 않고 뜨겁게 열을 내주기에도 적합하다. 우리의 선조들은 최적의 발효실을 만들기 위해 연구소를 차리지 않았다. 다만 자연과 협응하며 가장 적절한 발효 방법을 찾아냈다. 이렇게 약 15일을 두면 연노랑 빛이 돌던 황국은 퍼런 색을 띠면서 잘 떠 있다. 그리고 황국은 삼복더위에서만 아무런 장치 없이 잘 서식한다는 것도 초를 이때 만들어야 하는 가장 중요한 이유가 된다. 이렇게 식초를 위한 누룩이 완성되려면 보름이 걸리는 것이다.

③ **그것을 아주 잘 걸러:** 그렇게 보름에 거쳐 만들어진 누룩을 잘 말리고 다른 것들이 들어가지 않게 어레미로 걸러 준비한다.

④ **7월 초하룻날 좋은 쌀 한 말을 불려라:** 유둣날 밀 누룩을 만들기 시작한 날로부터 15일 후 칠월 초하루가 되면 이젠 고두밥을 쪄낼 쌀을 새벽부터 준비하는 것이다. 식초를 만들기 위한 물을 준비함에 있어 정화수를 떠서 신께 올리듯 그렇게 준비한다.

⑤ **샘물을 남이 길어 가지 아니한 새벽에 가서 한 동이 길러서:** 부지런한 아낙은 첫새벽 동이 트기 전에 일어나 곱게 빗은 머리에 물동이를 이고 동네 사람이 다 먹는 우물로 가서 물을 길어 오는데, 소원을 비는 정화수나 초나 장을 담글 물은 아무도 떠가지 않은 첫새벽에 우물물이 동하지 않은 가장 맑은 윗물을 떠서 사용했던 것이다. 정수기가 없었던 시절 자연적 필터링은 가라앉게 한 물이 최상의 정수 방법이었던 것이리라.

⑥ **동이물에 사람의 그림자가 비치지 않도록 뚜껑을 덮어 두었다가:** 정한 물을 길어 와서 뚜껑을 덮어 사람의 그림자

가 비치지 않게 하라는 의미는 무엇이었을까? 첫째, 길어 온 물을 한나절 더 가라앉게 한 것도 2차 정수 방법이 될 것이다. 둘째, 뚜껑을 덮어 잡균들이 내려앉지 않게 보호하는 것이다. 셋째, 사람의 그림자가 비치지 않게 하라는 당부는 사람이 들여다보면서 생기게 될 오염을 막았을 것이란 생각이다. 일반적인 경험으로 보자면 장항아리나 초항아리는 다루는 사람 외에 타인들이 자주 들여다봤을 때 분명 맛이 변했다. 인근 각처에서 온 사람들의 몸에 붙어 있는 균이나 행여 말하다가 튀는 침 속의 균이 침투했을 때 서서히 맛이 변하는 것을 경험할 수 있었다. 특히 장항아리 앞에서 말을 하거나 숟가락이나 손가락을 이용해서 맛을 봤을 때 여지없이 변화가 일어났다.

⑦ **낮쯤 되거든 밥을 쪄라**: 바지런한 아낙이 새벽에 담근 쌀을 낮쯤 되면 찌라는 당부는 대단히 과학적이다. 왜냐하면 과거의 쌀은 현재와 같은 백미가 아니고 쌀눈이 고스란히 살아 있는 정도의 도정 상태였을 것이다. 배아는 물속에 들어가 6시간이 지나야 최상의 영양 상태가 된다. 이때 불린 쌀에 열을 가함으로써 풍부한 영양뿐 아니라 질 높은 당질로 변화하기 때문에 효모들의 먹이로 최적 상태가 되는 것이다.

⑧ **사람이 손댈 만큼 밥이 식으면:** 한식이나 발효식품의 최상의 맛을 내는 레시피나 제조 방법의 완벽함은 어렵다. "사람이 손댈 만큼 밥이 식으면"이란 방법이 말해 주듯이 "적당히"라는 말과 함께 제조 방법의 설명에서 시각, 촉각, 미각, 청각, 후각의 언어적 설명이 많다. 이는 발효식품의 제조 방법은 철저하게 경험을 통한 체득이기 때문이다. 사람의 손을 대도 과하게 뜨겁지 않은 온도란 섭씨 40도 정도가 될 것이다. 이 온도는 효모발효나 초산발효가 가장 잘 일어나는 적정 온도라는 데서 단 한마디도 틀리지 않은 설명이라는 것이 재미나다. 불만이 있다면 그 촉각언어 속에 들어 있는 과학적 영민함을 경험하지 않은 사람들에게 이해가 안 될 뿐이라는 것이다.

⑨ **누룩 한 되를 밑에 넣고:** 누룩은 백국을 말한다. 밀 껍질이나 쌀로 누룩을 번식시키면 백국이 피어서 하얀 누룩이 된다. 백국 한 되를 초항아리 바닥에 깔라는 뜻이다.

⑩ **민 서 되를 넣고:** 유둣날 밀을 삶아 만들어 둔 ②를 넣으라는 뜻이다.

⑪ **더운밥을 넣고:** ⑧을 넣으라는 뜻이다.

⑫ **물 한 동이를 붓고:** ⑥의 물을 부으라는 뜻이다.

⑬ **푸른 헝겊을 덮어:** 과거의 푸른 헝겊이란 베든 무명이든 명주든 쪽물을 들여 둔 것일진대, 쪽물을 들이기 위해서는 꼬막가루인 석회로 쪽이라는 풀물을 가라앉혀 착염을 한다. 이렇게 자연방법으로 쪽물을 들인 자연섬유는 잡균들의 출입을 억제할 뿐 아니라 자연섬유라서 자연스럽게 유산 발효를 해야 하는 식초항아리의 정갈한 들숨 날숨의 통로가 되는 것이다.

⑭ **생삼 스물한 가닥을 맺어 싸매라:** 우리는 화학섬유와 자연섬유라 해도 공장에서 대량생산된 섬유와 완성된 옷을 쉽게 살 수 있으니 삼 가닥을 본 일조차 없을 것이지만, 당시는 여인들이 삼을 심고 삼 줄기를 까고 삼을 째고 삼을 삼고 삼을 매고 삼을 짜서 삼베라고 하는 옷감을 만들어 여름옷을 만들지 않으면 그 무더운 여름 농사일을 하기 힘들었을 것이다. 그러니까 7월 초하루쯤 되면 초복은 지났고 중복 전후가 되는 때다. 그 시기에 삼나무의 키는 어른 키보다도 훨씬 자라서 대마의 수확 철이다. 불로 쪄서 껍질을 벗겨 뒀다가 삼베를 짤 준비를 하는 것이다. 그러한 삼줄기는 뭔가를 단단히 매어 둘 때 쓰는 끈으로도 사용할 만큼 질기고 견고

한데 여기서 생삼줄기 스물한 가닥으로 동여매라는 당부다. 왜 생삼줄기일까? 쪄냈을 때 끈으로 쓰기가 더 용이한데 말이다. 이는 삼나무에 달라붙어 있는 미생물들에 식초항아리를 지켜 줄 수 있는 유익한 균들이 많이 있기 때문일 것이다. 그리고 스물한 가닥에는 주술적 의미가 엿보인다. 즉 3주는 21일이 되는데 옛날 어른들은 21이란 수는 삼칠일로 액을 막아 준다고 믿어오던 숫자이다.

⑮ **그것을 다북쑥으로 덮었다가:** 이때가 되면 다 자란 다북쑥이 지천으로 널려 있을 때다. 하지만 그 향기만큼은 값비싼 허브에 비길 수 있으랴. 밤에는 엉겅퀴와 모깃불 속에서 몽개몽개 타들어 가며 모기를 쫓기도 하지만, 술이나 초를 담근 항아리를 덮어 두는 것은 여러 가지 해충들이 달려들지 못하게 하기 위한 방편이다.

⑯ **이레 후에 동으로 뻗은 복숭아 나뭇가지를 꺾어다가 뒤집어 두었다가 써라:** 『음식디미방』의 저자이신 정부인 안동 김씨는 정부이라 호위를 받기까지 남편과 가족의 건강을 위해 어떤 노력을 했는지 엿볼 수가 있다. 예나 지금이나 가족의 건강을 책임져야 하는 주부는 극한 수고로움도 달게 여기며 정성을 다했다. 토산 중 어떤 거친 재료로도 부드럽

고 귀한 약이 될 수 있는 음식을 만들어 내는 지혜가 있었다. 그리고 그 지혜의 스승은 자연이었던 것이다. 자연을 지켜보면서 그들의 조화로움과 그들의 작용을 찾아냈던 것이다. 그리고 겸손하게 그 모든 것이 자신의 영역에서 생산된 것이 아니고 절대적인 힘에 의한 것임을 증언한다.

동으로 뻗은 복숭아 가지가 의미하는 것이 무엇일까? 예로부터 복숭아는 불로장생을 의미했다. 초 항아리를 뒤집어 주는 것을 경박스럽게 손으로 하지 않았고 대나무나 참나무로도 하지 않았다. 불로장생을 상징하는 복숭아 나무를 사용하라는 것이며, 그것도 새 아침의 기운을 가장 먼저 받고 자라는 동으로 뻗은 가지를 선택하라는 것이다. 이 마음은 식초가 품고 있는 성분의 가치를 크게 웃도는 가치가 될 수 있다. 왜냐하면 인간은 먹을 것이 부족해서 병이 드는 것이 아니라 정성스런 사랑이 부족해서 병이 들어가기 때문이다. 그리고 어떠한 음식보다도 영약을 달이고 만들 듯이 식초를 정성스럽게 담근다면 그것은 그만한 가치가 있기 때문이라는 것도 잊어서는 안 될 것이다.

가정에서 전통식초 만드는 법

전통식초를 연구하면서 가장 많이 듣게 되는 질문은 "막걸리를 오래 두면 식초가 되나요?"라는 질문이다. 예나 지금이나 막걸리로는 양질의 식초를 만들 수 없다는 것이 결론이다. 시중에 시판되는 막걸리는 그것이 생막걸리라고 해도 식초가 될 수는 없다. 식초가 되는 과정은 단순하지만 엄격한 원리가 있다. 과일식초는 과일식초대로 곡물식초는 곡물식초대로 초산발효가 되기까지 미생물 번식에 따른 질서 있는 수순에 의한 결과물이기 때문이다. 서두에서도 언급했듯이 과거에는 식초를 담그기 위해 누룩까지 때에 맞춰 밟아뒀다가 써야 했지만 지금은 시중에 판매되는 누룩도 편리하고 값싸게 구입해서 쓸 수 있다.

식초는 삼복더위에 담그는 것이 실온발효가 원활하다. 각 가정에서 쓰기 위한 식초를 담그기 위해 초두루미를 구입해도 좋지만 초두루미는 일반 단지에 비교해 가격도 높기 때문에 처음에는 일반 단지에 담가 보는 것도 좋은 방법이다. 그리고 초를 담그는 용기는 토기 또는 유리그릇을 사용하는 것이 원칙이다. 또 주의해야 할 점은 초두루미나 단지가 구작(오래된 항아리, 각 가정에서 쓰던 항아리를 수집해서 판매하는 항아리 밑들이 있는데, 여기서 판매되는 모든 항아리를 일컫는 말)이 숨을 쉰다고 해서 선호하는 경향이 있지만, 오래된 오지그릇은 다양한 박테리아의 서식지라고 이해해야 한다. 철저한 멸균방법을 찾아서 멸균 후 사용해야 예상치 않은 맛이 나거나 초가 죽는 일을 예방할 수 있다.

일단 용기가 준비되면 누룩을 준비하고 찹쌀이든 멥쌀이든 6~8시간을 충분히 불린 후 25분가량 수증기로 찐다. 쌀이 차갑게 식으면 누룩에 버무려 항아리에 넣고 정갈한 생수를 단지 위에 손을 올려놓고 물이 손등의 반 정도로 올라올 때까지 부으면 된다. 이때 쌀 3킬로그램에 누룩 1킬로그램의 비율이 적당하다. 이렇게 앉힌 초항아리가 1주일에서 10일 정도 지나면 동동주처럼 쌀알이 뜨면서 노란 빛깔에 향긋한 맑은 술이 만들어진다. 이렇게 만들어진 술을 떠내지 말고 그대로 두면 식초가 된다. 이때 자신이 원하는 약간의 부재료, 예를 들어 과일, 야생초, 허브 등을 넣어서 자기만의 식초를 만들 수도 있다.

술에서 식초로 넘어갈 무렵엔 꼭 통풍이 원활한 베 보자기 등으로 용기의 입구를 잘 막아 주어서 초파리나 박테리아균들이 서식하지 않도록 주의해야 한다. 식초용기는 식용유 등 기름을 멀리해야 한다. 기름이 한 방울만 떨어져도 초가 죽게 된다. 과거의 초두루미는 소나무 잎을 묶어 입구를 막아 줌으로써 호흡은 원활하고 이물질은 들어가지 않도록 했다. 이렇게 2차 발효가 시작되면 알아서 생사고락을 하면서 3개월 후부터는 신맛을 내는 식초가 만들어지기 시작한다. 하지만 누룩발효 식초는 6개월 이상 발효시켜서 먹는 것이 바람직하다. 6개월 정도 지나면 식초를 따라내고 걸쭉한 밑 초가 남아 있는 용기에 다시 밥을 쪄서 누룩에 섞어 담아 두면 또다시 식초가 된다. 이때 주의해야 할 것은 새 식초가 되기까지 따라 둔 식초도 아직 발효 중이므로 유리병에 보관하되 입구를 스크류 마개 방식으로 막지 말고 통풍이 될 만한 방법으로 막아 줘야 한다. 그렇지 않으면 유산소 발효를 하다가 압력에 못 이겨 병이 폭발하게 된다.

어떤 식초가 좋은 식초인가

우리나라의 식초는 크게 자연발효인 전통식초, 에틸알코올 주정식초, 빙초산, 이렇게 세 가지 종류로 구분한다.

빙초산은 석유가 원료인 석유화학의 산물인데 빙초산을 식품으로 분류하는 나라는 우리나라 외에는 없다. 우리나라 대중음식점에서 사용되는 식초는 대부분 빙초산을 물로 희석해서 농도를 조절한 것인데 식초라고 구분하기에 민망할 뿐이다. 국민의 건강을 위협하는 문제를 안고 있으며, 「먹거리 X파일」이라는 방송 프로그램에서 다룬 바도 있지만 아직 시정되지 않은 상태이다. 빙초산에 펩톤, 폴리펩티드, 인산, 칼륨, 마그네슘, 칼슘, 물엿을 가미해서 희석한 내용물이 식초라는 이름으로 널리 유통되고 있으며 대중식당에서 판매

하는 초절임 음식이나 중국 음식점에서 단무지와 양파에 뿌려 먹는 식초의 대부분이 석유화학의 산물인 빙초산이다. 식품의약품안전처에서는 다른 나라와 같이 식품이 아닌 것으로 분류되도록 해야 할 것이다.

에틸알코올 주정식초는 알코올에 초산발효를 일으켜서 산도를 높인 것이다.

전통식초는 크게 과일식초와 곡류식초로 구분할 수 있다. 세계의 전통식초 또는 자연식초 시장은 매년 성장하는 추세인데, 미국은 급강하고 있는 반면 일본은 급상승하고 있다. 일본의 급성장 배후에는 사카모토(坂元) 가문의 흑초(黑酢) 부활이 있다.

1805년에 창업된 사카모토 식초가 5대를 맞을 무렵 가고시마현(鹿児島県)의 모든 식초회사가 소비저하로 문을 닫게 되었다. 사카모토 식초를 5대째 이어온 사카모토 아키오(坂元昭夫)는 가업을 잇기 전에 규슈대학(九州大学)에서 의학부를 졸업한 후 약국을 개업했다. 그는 약국 한쪽에 아버지가 만든 흑초를 진열해서 팔았는데, 흑초를 먹은 환자들이 병이 낳았다는 사례가 많아졌다. 그래서 성분 검사를 한 결과 현대인들이 흔히 앓고 있는 각종 성인병이나 암에 탁월한 효과가 있는 성분이 있음을 밝혀 냈다. 그 후 식초의 소비가 늘어 사카모토 집안뿐 아니라 다른 식초회사들도 다시 문을 열게 되면서 가고시마현은 명실상부한 전통식초의 메카가 되었다. 사카모토 가문에서 한 해에 판매되는 전통식초는 우리 돈으로 250억 원어치 이상이라고 한다.

전통식초의 종류

포도식초

기원전 5000년 전 바빌로니아에서 포도식초를 만들어 사용했다고 한다. 이렇듯 인류가 포도식초를 만들어 약용 또는 식용으로 이용한 역사는 길다. 일찍이 히포크라테스(Hippocrates)는 포도식초를 항생제로 사용한 기록이 있다. 그는 식품으로 고칠 수 없는 병은 약으로도 고칠 수 없다고 말했는데, 그가 말한 식품의 중심에는 식초가 중요하게 포함되어 있을 것이라는 추측이 가능하다. 왜냐하면 모든 의약품을 단순화시키면 소염제, 진통제, 항생제로 축약될 텐데, 이 세

가지 효과를 부작용 없이 동시에 작용시키는 것은 식초이기 때문이다. 로마의 역사학자인 스파르티아누스(Spartianus)의 기록에 의하면 로마군이 낯선 기후와 환경에서 아시아와 아프리카까지 승승장구할 수 있었던 주된 원인은 물에 희석한 포도식초를 계속해서 마셨기 때문이라고 했다.

포도식초는 서양요리에서 많이 사용되고 있는 발사믹식초로 전 세계적으로 널리 알려져 있다. 발사믹식초는 오를레앙(Orléans) 방식으로 오크통 속에서 와인발효처럼 하는 방법이 가장 양질의 포도식초를 얻는 방법으로 알려져 있다. 포도식초는 건강기능식품으로 각광을 받을 만큼 그 효능이 뛰어난 것으로도 유명하다. 포도식초는 뇌졸중, 심장발작, 암, 당뇨합병증 등에 효과가 있다는 연구 결과가 있다. 포도식초의 주된 성분으로는 칼슘, 인, 칼륨, 레스베라트롤, 폴리페놀 등이 있으며 여기에는 질병을 물리치는 항산화 물질이 함유되어 있다. 어떤 식초이든 그 땅에서 흔하게 생산되는 토산품을 가장 전통적인 방법으로 발효시키는 것이 가장 높은 수준의 풍미뿐 아니라 탁월한 효과를 얻을 수 있다. 포도식초는 과다복용해도 와인처럼 간을 손상시키지 않는다. 그리고 포도식초를 과일이나 채소에 뿌려 먹으면 항산화 물질을 더 많이 섭취할 수 있다. 샐러드를 만들 때 전통방법으로 발효된 발사믹식초를 소스로 사용하면 매우 바람직한 방법이 된다.

사과식초

사과식초의 이해를 돕기 위해 사과나무에 대해 살펴볼 필요가 있겠다. 미국 농무부에서는 수십 년간 연구한 결과 사과나무의 고향은 중동과 중앙아시아라고 밝힌 바 있다. 카자흐스탄, 아르메니아, 조지아, 터키에 있는 사과나무가 사과나무의 기원이라고 했다. 과학적으로는 중앙아시아에서 시작된 사과나무가 전 세계로 퍼져 나간 것으로 밝혀졌다. 그리고『구약성경』「창세기」8장 4절에 노아의 방주가 터키에 있는 아라랏산에 머물러 새로운 세계가 시작된 것으로 기록됐는데, 노아가 방주에 각종 식료품을 실었을 것이며 그중에 사과가 있었음을 짐작하게 한다. 방주에 있던 사과 씨앗이 아라랏산 주변에서 자라다가 전 세계로 퍼져나갔을 것이라는 추측은 성경의 역사이다. 과학의 결론이든 성경의 기록이든 사과는 인류가 가장 많이 가장 오래도록 먹던 과일임을 짐작하게 한다.

우리나라는 조선 시대에 중국으로부터 능금이 전해졌지만 재배된 흔적은 없고, 숲속에 자라는 야생능금에 대한 기록이 있을 뿐이다. 그 후 우리나라는 1901년 원산 지방에서 윤승수라는 사람에 의해 최초로 사과가 재배되었다. 이 무렵 사과 묘목은 미국 선교사들에 의해 들어오기 시작했다.

　현재는 세계 각국에서 엄청난 물량의 사과가 재배되고 있
다. 미국에는 17세기 말에 전파됐으며 19세기까지는 영국이
세계 최대의 사과 생산국이었으나 19세기 말부터는 미국이
사과 육종 육성사업에 힘입어 명실상부한 세계 최대 생산
국이 되었다. 그 후 20세기에는 칠레 등 남미에 사과가 전해
지면서 대량생산이 이루어졌고 현재는 러시아가 최대 생산
국이다. 이러한 사과의 생산량과 역사로 볼 때 사과와 사과
식초의 등장은 약 1만 년 전으로 짐작할 수 있다. 그래서 서

양 사과식초의 활용과 발전은 눈부시다. 예를 들어 1945년, 1953년, 1964년 등 세 번이나 식초의 의학적 효능을 밝혀 노벨상을 받은 바 있다. 서양에서는 가장 흔하고 맛이 좋은 사과를 자연스런 방법으로 발효시켜 음식뿐 아니라 모든 질병의 예방 및 치료제로 써 왔다. 사과식초의 효능에 관한 내용과 사례를 다 기록하려면 이 책의 몇 배 분량의 원고로도 다 기록할 수 없을 것이다. 다만 재미있는 이야기 하나를 소개하겠다.

중세 때 프랑스에 페스트(pest)가 유행해 많은 사람들이 죽어갔다. 당시 네 명의 도둑이 페스트로 죽은 사람의 집에 들어가 귀중품을 훔치고 다녔는데 결국 붙잡히게 되어 재판을 받는 중 어떻게 감염되지 않고 도둑질을 할 수 있었느냐는 판사의 질문에 4시간마다 식초로 목욕했다는 진술을 했다. 판사는 네 명의 도둑으로부터 식초 제조법을 알아낸 뒤 그 대가로 풀어 주었다고 한다. 식초는 천연 소염제, 항생제, 진통제에 이어 항균제가 된 것이다. 사과식초가 기적의 물일 수 있는 것은 아세트산의 효과보다도 양질의 칼륨 함유로 인산 작용도 크다.

1999년 6월 4일 미국 사우스다코타 주 로스린에 세계식초박물관이 개관될 만큼 사과식초의 사랑과 연구는 계속되고 있다. 다만 우리나라는 몇 개의 식품회사에서 전통방법이 아닌 사과알코올을 이용한 아세트산 발효방법으로 대량생산되는 사과식초가 유통되고 있는 실정이다. 미국이나 유럽에서는 유기농 사과식초를 비교적 값싸게 이용할 수 있는데 우리나라는 사과식초가 대중적으로 발전하지 못한 아쉬움이 있다. 물론 다른 나라와 비교해 사과 재배의 역사는 짧지만 우리의 노력에 따라 양질의 사과식초를 생산할 수 있을 것이다.

식초발효는 사계절이 있는 나라가 유리하다. 무더운 여름에 번식한 다량의 미생물들이 겨울을 지나면서 적절하게 소멸되고 더 깊은 맛을 낼 수 있도록 자연에 의해 조절될 수 있기 때문이다. 효능이 좋은 사과식초는 사과를 통째로 갈아서 짜낸 사과즙을 1차 알코올발효를 일으킨 후 2차 초산발효를 통해 장기간 만들어지는 식초일 때만 기적과도 같은 효능을 기대할 수 있다. 하지만 사과식초는 그 공정이 까다롭거나 실패할 가능성이 적다. 사과의 종류는 어떤 것이든 다 괜찮다. 명절에 들어온 사과를 다 먹기에 너무 많을 때가 있다. 그럴 땐 식초를 만들어 보는 것도 재미있다. 사과를 식초물에 깨끗이 씻어 물음 뺀 다음 유즙기로 주스를 내린다. 압착할 때 씨앗과 껍질, 사과 속까지 동시에 짜내는 것이 선동방법이다. 이렇게 짜낸 다음 유리용기나 항아리에 담아 두면 윗부분에 고운 거품 같은 것이 뜨고 아래는 연노랑 액체가 맑아지는데 그것을 실온에서 6개월 가량 두면 식초가 된다. 윗부분에 곰팡이가 생겨도 이는 식초가 변한 것이 아니고 자연스럽게 식초가 되어가는 수순으로 보면 된다. 6개월 후부터 식초로 이용할 수 있지만 시간이 오래 될수록 양질의 식초가 된다.

쌀식초

서양의 사과식초만큼이나 우리나라의 쌀식초는 유구한 역사를 자랑할 만하다. 쌀식초가 만들어지려면 좋은 술이 만들어져야 한다. 각 나라나 민족에 따라 오랜 세월 즐겨 마시던 술이 있기 마련이고 그러한 민족주가 좋은 술이 된다. 쌀의 주성분인 당을 누룩균과 효모들이 먹고 배설하면서 생성된 알코올이 술이다. 이 술에 공기 중 날아다니던 초산균들이 들어가 2차 발효되면서 생성되는 아세트산을 비롯한 새로운 물질들이 만들어 낸 신맛은 다양한 건강기능을 갖춘 쌀식초가 된다.

우리가 서양의 사과식초 제조나 효과에 대해서 생소하듯이 서양 사람들도 우리나라를 비롯한 아시아의 지역에서 오랜 세월 즐겨먹던 양조식초에 대해 연구한 바도 적고 잘 알지도 못한다. 쌀식초에는 사과식초에 함유되지 않은 아미노

산이 많이 들어 있다는 것 정도만 알고 있다. 그러나 우리나
라의 양조식초는 초두루미라는 독특하고 아름다운 방법으
로 발전해 왔다. 다만 아쉬운 것은 근대에 들어 주거환경의
변화로 모든 부엌에서 초두루미가 사라진 점이다. 한국의 식
초에 대한 기록은 너무 적어서 정확한 기원도 모호하고 다
양한 제조법도 기록으로 남아 있는 것이 적다. 하지만 일본
의 양조 기술이나 식초 제조법에서 비추어 일 수 있다. 일본
의 양조 기술이나 식초 제조법은 우리나라에서 전해진 것이
기 때문이다. 특히 일본 흑초의 기원인 사카모토 가문의 식

초항아리 중 양질의 흑초를 만들어 내는 식초항아리가 우리나라에서 가져간 것이라는 사실이 밝혀진 바 있다. 전통 양조식초 제조는 사람과 재료가 만든다기보다는 항아리와 자연이 만들어 주기 때문에 같은 날 같은 재료로 같은 사람이 담가도 맛과 성분은 항아리에 따라 천차만별이 된다. 이것은 해본 사람만 느낄 수 있다.

쌀식초는 옥수수, 보리, 밀과 같은 곡류를 혼합해서 발효시켜도 식초 1리터당 쌀이 40그램 이상이면 쌀식초로 규정한다. 쌀식초는 동양권에서 주로 사용된다. 쌀식초는 어떤 식초보다 좋다고 한다. 왜냐하면 누룩을 넣어 장기 알코올발효가 일어난 술로 식초가 만들어지기 때문이다. 그런 과정을 지나면서 수많은 종의 미생물들이 생사가 거듭되면서 양질의 효소를 함유하게 된다. 지금까지 과학적으로 분석하고 찾아낸 쌀식초 100그램에 들어 있는 주성분은 탄수화물 3그램, 칼슘 1그램, 나트륨 5밀리그램, 칼륨 8밀리그램, 인 1밀리그램 등이다. 그러나 식초의 가치 측정은 영양소로 측정해서는 안 된다. 그것은 마치 인간의 가치를 몸무게로 재는 것과 같은 논리일 수 있다.

쌀식초의 가치는 그 속에 들어 있는 아미노산이다. 오래된 쌀식초를 먹으면 신기할 만큼 개개인이 앓고 있던 지병들과 통증들이 사라지는 것을 경험하게 되는데 이것을 과학자들은 아미노산 섭취의 결과라고 본다. 아미노산은 20가지 종류이며 대부분 우리 몸속에서 자가 생성된다. 하지만 체내에서 생성되지 않는 아미노산은 음식으로 섭취해야 하는데 8가지 종류가 있다. 이것을 흔히 필수 아미노산이라고 부른다. 그런데 오래된 쌀식초에는 아미노산의 종류가 17가지가 들어 있는 것으로 밝혀졌고, 그중에 필수 아미노산은 7가지가 된다고 한다. 자연식품에 이렇게 다양한 아미노산이 함유된 경우는 드문 일이다. 아미노산은 모든 장기와 피부, 뼛속까지 치유하는 아주 작은 의사선생님이다.

오래된 쌀식초의 가치는 아미노산에 그치지 않는다. 바로 효소 성분인데 오래된 쌀식초만큼 효소가 많이 들어 있는 식품도 없을 것이다. 우리나라는 언제부터인가 효소 바람이 불었다. 암 치료뿐 아니라 만병통치약처럼 여기던 효소라는 이름으로 덕을 본 것은 제당회사일 뿐이다. 야생초와 약초로 효소를 만든다고 설탕을 1:1 비율로 부어 놓고는 기다린다. 누가 왜 이런 방법을 가르쳤는지 하루빨리 양심선언을 할 일이다. 최근 500명의 제자를 배출했다는 효소 선생님을 만난 일이 있다. 그날도 양심선언이 필요하지 않겠냐는 나의 질문에 그분의 진솔한 대답이 인상적이다.

"언론에서 효소는 설탕물이라고 방송했고 이는 이제 누구나 다 아는 사실이 됐었습니다. 사실 저도 5년 전에 일본에

의뢰해서 효소가 없다는 것을 알았는데 그 사실을 널리 알리려고 했지만, 이미 제자들이 그것이 생업이 되어 있는 사람들이 많아 발표를 보류하고 있다가 일이 터지고 말았습니다. 조금만 더 연구해서 효소가 많이 함유된 발효기술을 찾아내려고 많은 노력을 해 왔습니다."

그 말을 듣고 인간적인 위로라도 해주고 싶은 심정이 들었다. 하지만 계속하라 할 수도 하지 마라 할 수도 없었다. 다만 그런 일은 스스로 선택해야 하고, 소비 또한 스스로 선택하는 것이기 때문이다. 다만 홍수에 마실 물이 고갈되듯이 넘치는 정보에 믿을 정보가 없어진 현실에서 무슨 말을 어떻게 해야 도움이 되는 것인지 답답할 뿐이었다.

"가장 효소가 많은 식품은 식품과 약품의 경계가 없던 그 옛날부터 오래도록 가장 좋은 음식이며 약이었던 식초, 김치, 된장이겠지요. 선생님의 제자들과 선생님이 담가 둔 효소에 쌀과 누룩 을 첨가해서 야생초식초를 만들어 보세요. 그러면 정말 양질의 효소가 있는 진짜 효소가 될 텐데요"라는 조언을 남겼지만 그 말의 의미를 파악하셨는지 실천 의지가 있으신지는 확인한 바 없다.

장기간 잘 발효된 쌀 식초 속에는 효소 성분이 많이 들어 있다. 그럼 왜 그렇게 사람들은 효소에 집중하는 것일까? 효소의 학명은 엔자임(enzyme)이다. 엔자임의 크기는 1나노미터다. 대장균의 크기가 2,000나노미터라고 하니까 엔자임은 대장균의 2,000분의 1 크기이다. 이렇게 작은 녀석이 우리 몸에서 수정, 성장, 발육, 유지, 소멸까지 생명체의 전체적인 생성과 소멸의 대사 활동을 하게 하는 촉매제가 된다. 그리고 작지만 효소 한 개에 들어 있는 카탈라아제(catalase)가 1초에 하는 일은 9만 개의 활성산소를 분해하는 일이라고 한다. 몸이 너무나 무겁고 힘들 때 물에 희석한 식초 한 잔을 먹으면 2시간 안에 피로가 회복되고 정신이 맑아지는 경험을 나는 자주 했다. 이 작은 녀석들의 업적이었다는 것을 안 것은 그리 오래된 일이 아니다. 다만 우리가 꼭 기억해야 할 것은 모든 식초가 그런 효과가 있는 것이 아니고 오래된 쌀식초에 그런 효과가 있다는 것이다.

쌀식초는 시간의 경과와 발효방법에 따라 색이 달라진다. 오래되고 양질의 식초일수록 노란색에서 검은색으로 색이 진해진다. 중요한 사실은 서양 사람들이 연구하고 알고 있는 것 이상으로 우리의 초두루미의 역사는 오래됐으며, 그 속에 들어 있는 양질의 식초 또한 저들이 과학적으로 찾아 낸 효과보다도 크고 놀라운 것임을 나는 확신한다. 다만 우리의 것이니 우리가 아끼고 더욱 사랑하여 그 가치를 높여 나가야 할 과제가 우리 앞에 있을 뿐이다.

그 밖의 전통식초

과일식초

사과와 포도 외에도 다양한 과일로 식초를 만든다. 우리나라는 오래 전부터 감식초를 만들어 사용했으며, 아랍에서는 고대부터 대추야자로 식초를 만들어 사용해 왔다. 러시아 주변 국가에서는 가정에서 석류와 무화과로 식초를 만들고, 동남아시아에서는 코코넛식초를 만들어 사용한다. 이렇듯 어느 나라든지 그 나라에서 흔히 생산되는 다양한 과일이 식초의 재료가 된다.

와인식초

서양요리에서 가장 많이 사용되는 와인식초는 완성된 와인을 초산발효시켜 식초로 사용한다.

발사믹식초

유럽에서 시작된 포도식초의 일종으로 우리나라의 초두루미처럼 각 가정에서 만들어 사용해 온 슬로푸드(slow food)이다. 걸쭉한 암갈색의 발사믹식초는 그 풍미가 뛰어나서 샐러드 드레싱으로 사용하면 탁월한 맛과 향을 즐길 수 있다.

꿀식초

식초 중 뛰어난 꿀식초는 꿀술이 인류 최초의 술이었듯이 자연발효된 꿀술이 공기 중 떠다니던 초산과 만나 초산발효를 일으킨 식초로서 맛과 향기가 탁월한 식초이다. 원재료가 꿀인 만큼 원가절감 방법이 어려우므로 대중화에 약점이 된다.

야생초식초

우리나라에서 유행처럼 번졌던 야생초 효소에는 기대하는 만큼 효소가 들어 있지 않다. 다만 그렇게 만들어진 야생초 발효액을 이용해서 야생초식초를 만들 수 있다. 야생초 발효액에 귤, 사과, 배 등의 과즙이나 당근, 무 등의 수분이 많은 뿌리채소의 즙을 희석해서 일정 기간 실온에 두면 알코올발효가 일어나고 이후 2차 초산발효가 일어나면 각종 약선 요리나 음료수로 사용하기에 적합한 야생초식초가 된다.

곡물식초

우리나라를 비롯한 아시아 국가에서 오래 전부터 사용해 온 곡물식초는 쌀식초와는 차이가 있다. 여름에 쉰 보리밥이나 밀, 율무, 수수, 옥수수 등 곡물을 푹 삶아 주박(쌀과 누룩으로 술을 만든 후 술을 걸러 내고 남은 술지게미)과 섞어 두었다가 식초가 되면 사용한다. 우리나라에서는 각 지방에 따라 사용하던 곡물이 차이가 있었으나 삼복더위의 한 여름에 식초를 담가서 사용해 왔다.

식초의 성분과 효능

식초의 성분검사에 앞서 알아둬야 할 사항은 식초는 1인 1회 분량인 한 큰술을 분석하면 나오지 않던 성분이 반 컵 정도의 100그램을 분석하면 나오고, 1리터를 분석하면 더 많은 성분이 검출된다. 이러한 현상을 과학적으로 단언할 수 없지만, 살아 있는 것들의 움직임 때문일 것이라는 상상력을 동원해서 이해할 뿐이다. 다음은 식초 100그램을 분석한 내용이다.

쌀식초

탄수화물, 칼슘, 나트륨, 칼륨, 인

흑초

흑초에는 일반 쌀식초에 들어 있는 성분보다도 훨씬 다양한 성분들이 들어 있다. 그중에서 아미노산의 종류만 해도 17가지이다. 필수 아미노산으로 발린, 메티오닌, 이소류신, 류신, 페닌알라닌, 리신, 트레오닌이 들어 있다. 이는 필수 아미노산 8가지 중 7가지에 해당된다. 그 외 아미노산은 히스티딘, 아스파라긴, 세린, 글루타민산, 글리신, 알라닌, 시스틴, 티로신, 아르기닌, 프롤린이다. 미국의 저널리스트인 칼 오레이(Cal Orey)는 흑초가 200년 전 일본에서 처음 만들어졌다고 하지만 흑초는 누가 만들고 싶다고 해서 만들어지는 것이 아니다. 흑초가 일본의 가고시마현에서 처음 만들어졌다고 주장하지만 사실은 일본의 양조기술은 백제 시대에 우리나라에서 전수되었으며 쌀의 집결지였던 가고시마현에서 남아도는 쌀로 빚은 술이 고주로 변하면서 다양한 식초가 자연발효됐을 것이다. 그것은 자연스러운 발견일 뿐이지 연구된 제조기술은 아니었을 것이다. 최근 그들의 노력이 스스로를 증명하고 있다. 사카모토 5세가 도쿄에 식초연구소를 만들어 식초사업의 확장을 도모했으나 실패하게 된 원인은 도쿄에서는 아무리 노력해도 양질의 흑초가 만들어지지 않더라는 것이었다. 이렇듯 탁월한 성분과 향미를 갖추는 전통 발효식품은 그 지역의 공기 중에 흔히 떠다니는 미생물들의 역할도 크다는 것을 알아야 한다. 인간의 욕망으로 조절될 수 없는

것들이 작은 생명들의 세계에는 엄존한다.

사과식초

산성, 아미노산, 베타카로틴, 붕소, 칼슘, 효소, 섬유질, 포도당, 철분, 망간, 칼륨 등이 들어 있다. 오를레앙 방식의 전통 사과식초에는 이렇듯 다양한 성분을 포함하고 있다. 사과식초의 기적과 같은 효능의 주요인은 칼륨 성분의 역할이라고 볼 수 있다. 사과식초는 우리 몸을 산성과 알카리성 중 어느 쪽으로도 치우치지 않도록 균형을 잡아 준다. 사과식 초의 일반적인 효과는 우리 몸의 독소를 배출시켜 준다.

레드와인식초

칼슘, 인, 나트륨, 칼륨, 카테킨, 폴리페놀, 프로안티시아니 딘, 케르세틴, 레스베라트롤, 타닌 등이 들어 있다. 레드와인 식초의 특징은 열량과 지방질이 없다는 것이다. 레드와인식 초를 채소와 함께 먹으면 많은 양의 항산화 물질을 섭취할 수 있다. 레드와인식초는 기원전 5000년 전부터 항생제로 상용해 왔다. 레드와인식초 는 포도주와는 달리 간 손 상이 없다.

쌀식초, 사과식초, 포도 식초의 공통적인 질병 예방과 효능

인류가 식초로부터 받은 혜 택은 고대로부터 현재까지 다양한 계층과 수많은 사람들에게 도움이 되

어 왔다. 히포크라테스뿐 아니라 고대의 의사들은 식초로 소염, 항생, 진정을 위해 내과, 외과 치료에 모두 사용해 왔다. 왜냐하면 식초는 치명적인 박테리아를 죽이는 가장 오래된 약이기 때문이다. 식초는 현대인들에게 빈번히 발생하는 고혈압, 심장병, 당뇨병 등과 같은 질환의 예방과 치료에 효과가 있음이 과학적으로 증명되고 있으며, 암 예방과 치료에도 효과가 있다. 뿐만 아니라 노화진행을 방해하며 다이어트와 피부미용에 효과가 있다고 밝혀지고 있다.

식용, 약용 외의 식초 활용

양질의 전통 발효식초는 약용 또는 식용으로 사용하지만 식용 식초 중 공장에서 대량으로 생산되는 식초로도 다양한 음식을 만들어 낼 수 있으며, 식초를 활용한 생활의 지혜를 얻을 수 있다. 식초를 주방용 천연세제로 사용할 수 있다. 잘 닦이지 않고 씻은 후에도 뿌옇게 되는 와인 잔이나 유리그릇을 식초 한 컵을 섞은 물로 마지막에 헹구면 반짝반짝해진다. 담기 힘든 부오병이나 주전자에 설힌 침전물이나 묵은 물때가 끼었을 때에도 식초를 탄 물을 담가 두면 깨끗해진다. 이렇게 식초가 물때와 비누 찌꺼기를 제거해 주는 이유는 물때나 비누 찌꺼기는 알카리성이지만 식초는 산성이기 때문이다.

주방뿐 아니라 욕실도 식초를 이용해서 청소를 하면 환경에 유해한 물질에서 자유롭게 된다. 주부들에게 가장 힘든 화장실 타일 청소는 락스를 사용할 수도 안 할 수도 없어 곤혹스러울 때가 있다. 그때 직접 타일 세척제를 간편하게 만들어 보는 것도 좋다. 베이킹소다 1/2컵, 백식초 1컵, 암모니아 1컵을 따뜻한 물 4리터에 섞으면 저렴하고 안전한 화장실 청소제가 된다. 특히 어린아이들의 제품들을 세척하거나 세탁할 때는 식초를 사용하는 것이 바람직하다. 그러나 식초 냄새가 거북할 경우에는 식초에 허브 종류를 담갔다 써도 좋다. 그리고 세균 번식이 잘 되는 변기, 세면대, 하수구 등은 식초를 직접 뿌려 두면 식초가 증발되면서 악취도 함께 데리고 간다. 식초로 세척, 세탁, 청소에서 애완동물 키우기까지 다양하게 활용할 수 있다.

맺으며

한국 전통 발효식품의 성장을 위한 대안

김치에 관하여

우리나라는 김치 종주국으로서 인정될 만큼 조상님들의 현명하고 지혜로운 방법으로 모든 채소와 어패류, 육류에 이르기까지 발효 김치를 만들어 먹었다. 김치는 서양의 피클류와 사우어크라우트 같은 양배추절임과는 다르게 발달한 독특한 음식이다. 그리고 김치에는 신종 바이러스를 이겨 낼 수 있는 성분들이 들어 있다는 것이 속속 밝혀지고 있다. 이것은 과거 유럽에서 페스트가 창궐할 때 식초나 양배추절임을 먹은 사람들은 감염되지 않았던 경험과 상통할 수 있다. 다만 조미료나 방부제, 멸균처리 등으로 담근 김치는 맛뿐 아니라 성분을 손상시키기 때문에 그 효과를 기대할 수 없다.

우리는 과거의 방법으로 김치를 담그고 저장해서 시간의 흐름에 따라 맛이 달라질지라도 맛의 유지에만 열중하지 말고, 오히려 그 성분과 활용 가치가 뛰어난 김치를 만들어 내고 먹어야 더 가치가 있음을 인식해야 한다. 김치 항아리 속이 미생물의 천국이 될 수 있도록 김치는 짐치로 돌아가야 한다. 그래야 보이지 않는 1나노미터 크기의 엔자임이 풍부한 김치가 온 세계에 크나큰 경제적 문화적 가치로 부상해서 우리의 미래 산업이 될 것이다. IT산업도 중요하고 조선, 중공업도 중요하다. 하지만 추종을 불허하는 맛과 성분을 담고 있는 우리만의 짐치는 자동차회사가 몇 개 더 세워지는 것보다 더 큰 경제적 가치가 될 수도 있다.

서두에서 언급했듯이 사적인 호기심과 민간 차원의 문화 교류라는 명분으로 갔던 샌프란시스코와 할리우드에서 전 세계의 배낭족들에게 김치 시식행사를 하면서 그들의 입맛을 사로잡을 수 있을 것이라는 믿음을 갖게 됐다. 우리가 가장 맛있어 하는 김치를 그들도 맛있어 했다. 맵고 짠 김치를 싫어할 것이라는 예상으로 달고 싱거운 과일김치와 백김치를 수십 가지로 만들어 선보였는데, 가장 많이 먹은 것은 전라도식 즉석 겉절이와 묵은 배추김치로 만든 김치 볶음밥이었다. 이것은 남미와 유럽 그리고 아프리카에서 온 친구들까지 다 잘 먹었다. 하얀 쌀밥을 주먹밥으로 뭉쳐 겉절이와 함께 먹게 했더니 더욱 좋아했다.

김치는 묵은지든 겉절이든 밥과 함께 먹는 법을 알려 주고 먹게 해야 한다. 밥 없이 김치만 먹게 하는 것은 빵 없이 잼만 먹고 빵 없이 버터만 먹게 하는 것과 같다. 하얀 쌀밥과 김치의 오미를 넘어서는 맛의 조합을 지구인 중 누가 싫어하겠는가? 고기와 마유가 주식인 몽골인들이 김치를 좋아하게 됐다. 김치는 여러 가지 재료가 혼합되고 숙성된 음식이지만 꼭 뭔가와 함께 먹어야 한다. 고기 또는 밥을 곁들여 먹어야만 김치 본연의 맛을 알게 된다. 김치는 고기가 주식인 사람들도, 밥이 주식인 사람들도, 빵이 주식인 사람들도 다 잘 먹고 건강하게 살 수 있는 가장 오래된 지구촌의 음식이며 가장 마지막까지 남게 될 음식이라고 믿는다.

지구촌은 기후변화로 인한 수많은 이름 모를 질병과 기근의 세월이 다가올 것이다. 이것은 우리가 계산하는 것보다 훨씬 빠른 속도로 다가올 것이다. 아무리 육종과 영농기술이 발달해도 앞으로 농사는 하늘이 짓게 될 것이다. 에너지 고갈과 예기치 않은 자연재해로 전기를 맘대로 쓸 수 없을지도 모른다. 농부의 경험과 계획대로 농산물 생산이 되지 않을 확률이 더 높은 시대를 우리는 살아야 한다. 그러한 때에 한 가지 대안이란 인간이 자연을 조율하려고 했던 욕망을 겸손히 내려놓고 파스퇴르의 말처럼 지구의 최종 결정자인 미생물들과 친해져야 한다는 것이다. 양파가 잘되면 양파김치를 담가서 먹고 살아야 하고 배추가 잘되면 배추김치를 담가뒀다가 먹고 살아야 한다는 뜻이다. 일조량과 강수량 그리고 계절마다 최고온도와 최저온도에 따라 농산물의 작황은 결정된다. 화학비료와 새로운 농약이 작황을 결정할 수 없는 환경변화의 중심에 우리가 서 있다는 이 울적한 현실을 빨리 알아채야만 한다.

이혜식 교수가 몽골에서 대통령 농림자문을 맡았을 때라고 한다. 전라북도 크기 땅의 장기 무료임대를 약속 받고 우리나라에 들어와 농사지을 기업과 지방자치단체를 찾아 다녔지만, 아무도 수락한 곳이 없어 다른 나라로 기회가 넘어갔다는 이야기를 들었다. 우리 국토가 좁다는 것은 한계가될 수 없다. 우주보다도 더 넓은 우리의 기상과 상상력으로 그 한계를 극복해야만 한다. 우리 속에는 발해인의 DNA가 꿈틀거리고 있지 않은가! 지금 경제가 장기 불황의 터널 속에 있지만 김치 하나로도 우리는 이 불황을 벗어날 수 있다고 나는 믿는다. 미국에서 김치 행사를 마치고 자동차 하나를 렌트해서 미국 서부를 돌아보면서 소망했던 꿈은 맥도날드가 있는 곳에 짐치베이비도 있게 하자는 것이었다. 짐치베이비란 내가 새로 개발한 요리인데, 묵은 김치로 볶음밥을 만들어 피자처럼 치즈를 뿌려 구워 낸 음식이다. 테이크아웃해서 손으로 집어 먹기 편한 김치볶음밥 요리다. 누가 먹어도 먹으면 먹을수록 물리지 않고 계속 먹어야만 하는 발효의 비밀과 쌀밥의 탄수화물 중독성이 세계인의 입맛을 사로잡을 것이다. 그래서 지구인을 뚱보로 만들던 맥도날드 감자튀김과 햄버거의 욕망은 꼬리를 내리고 사라지기를 기대해 본다. 이제 우리 김치의 경쟁력과 경제력을 일본의 기무치에도 중국의 저질 김치에도 내주지 말아야 한다. 김치는 우리가 담가야 추종을 불허하는 명품으로 세계인의 사랑을 받게 될 테니까.

식초에 관하여

내가 가장 좋아하는 일은 뜰에 꽃을 심는 일이다. 꽃을 심으면서 듣게 된 이야기는 먹지도 못할 것을 왜 그렇게 심느냐는 것이었다. 오 푸드, 이니데 취급이 없이 구레 나데글 드을 때마다 나는 그냥 웃기만 한다. 그리고 속으로 묻는다. 꽃은 정말 못 먹나? 그리고 살짝 꽃잎을 따서 씹어 본 일도 있다. 꽃은 생김새에 비해 참 맛이 없다. 나에게 술은 꽃 같은 것이다. 향기에 비해 맛이 없었다. 술이 잘 익어갈 때 항아리 곁을 지나면 꽃향기와 같은 참으로 매력 넘치는 향기가 난다. 술도 사실 과일처럼 꽃의 결과물이다. 누룩에 피는 것도 일종의 생명의 향연을 시작할 꽃들이다. 백국은 하얀 꽃, 황국은 노란 꽃, 홍국은 빨간 꽃, 이 꽃들이 당이라고 하는 흙을 만나 수없이 많은 미생물들이 자라고 피어나는 몸짓이 술이 되는 과정인 것이다. 이렇게 미생물들의 문화공화국인 항아리 속을 들여다보면 매일 매일 다른 메시지의 편지를 나에게 보내와 읽게 된다.

어느 날은 그 현란한 웅성거림에 고개를 처박고 있다가 알코올에 질식해 정신을 잃을 뻔한 일도 있다. 이렇게 만들어진 술을 나도 남편도 한 모금도 못 마신다. 남편은 알코올 알레르기 환자이고 나는 태어나서 지금까지 술을 마셔 본일이 없다. 어쩌다 기회를 놓쳐 버렸다. 알레르기가 있는지 없는지도 모른다. 다만 잘 익어 향기 그윽한 항아리를 들여다보면 밥알 하나 없이 맑게 가라앉은 술 항아리가 거울처럼 얼굴을 비출 때가 있다. 잘 살아 줘서 고맙다고 인사를 하고 베 보자기로 항아리 입구를 봉해서 호흡을 잘 할 수 있게 해주고 기다린다. 그러면 시간의 경과에 따라 여러 가지 향기도 내고 항아리가 더웠다 식었다 하면서 익어간다. 더워지면 어떤 균들이 살판이 났는지 짐작한다. 식으면 다들 전사하고 있구나 생각한다. 또 다른 미생물들의 왕국이 건설되겠거니 생각한다. 얼마 지나지 않아 향기가 달라진다. 좋은 식초가 될 때는 잘 익은 사과 향기가 날 때도 있다. 어느 항아리 식초가 잘 되는 건지 맛보지 않아도 알 수 있다. 가끔 딸아이들이 자신들이 먹을 식초를 뜰 때가 있다. 그런데 아직 더 있어야 맛있어질 식초를 떠갈 때가 있다. 그럴 때 나는 속으로 생각한다. '이번 주에 와서는 식초 달라고 안 하겠군.'

식초는 같은 사람이 같은 재료로 담가도 맛과 성분은 숙성속도가 천차만별이다. 농사도 인간이 하는 역할은 4퍼센트에 불과하다고 한다. 햇빛, 비, 바람, 그리고 곤충과 미생물들이 인간의 역할보다 추수 때까지 하는 일이 더 많단다. 나도 아직 어떻게 최고의 맛을 내는가는 정확히 알 수 없다. 다만 항아리 속에서 살고 있는 미생물들의 문화공화국 시민들이 행복한지 불행한지 가늠하는 정도이다. 행복했던 항아리는 여지없이 맛이 좋더라는 것, 그리고 너무나 치열한 전쟁으로 적군 아군 모두 맛을 잃고 죽어갈 때 어떻게 도와줘야 다시 살아날 수 있는지에 대해 몇 가지 방법을 찾아냈을 뿐이다. 이것이 내가 발효시키는 긴급방법의 필요조건이나.

아프가니스탄 전쟁난민들을 돕고 와서 발병한 길랭바레 증후군으로 2년 동안 전신마비를 앓으면서 나의 삶은 많은 영역에서 관점이 바뀌게 되었다. 발병 전의 직업이 심리치료사였는데 아프기 전에는 치료되어 감사하는 내담자만 크게 보였었다. 그런데 그 후로는 가슴 아픈 사연들 속에서 우울증을 앓고 행동과잉장애를 보이던 내담자들이 치유 후 곧 재발하는 모습이 더 크게 보였다. 그러한 현실을 직면하면서 치료보다 예방에 관심이 더 쏠리게 됐다. 그리고 우연한 기회에 정신건강도 섭생의 결과라는 단서를 미국의 한 임상을 접하고 현재까지 오게 됐다.

지금은 심리치료연구소 운영보다 시골교회의 목사로 재직하면서 김치와 장을 담그고 식초를 담그는 시골 아낙으로 살고 있다. 그리고 베이비붐 세대가 퇴직하면서 귀농귀촌의 붐이 일어나는 것을 보면서 발효마을을 추진하고 있다.

전통 발효식품은 김치든 식초든 된장이든 공장에서 대량 생산하는 것은 불가능하다. 그러나 20~30개의 항아리를 가지고 정성스럽게 전통 발효식품을 만들면서 펜션까지 겸하게 되면 바람직한 수익형 귀촌모델이 될 수 있다. 현재 우리나라의 연간 귀농귀촌 인구는 폭증하고 있는 상황이다. 이에 국가기관 및 각 지방자치단체장들도 귀촌귀농 인구를 유치하기 위한 노력을 하고 있다. 그러나 귀촌인구의 증가에 따른 바람직한 방안은 부족한 것이 사실이다. 이러한 현실에 다소나마 도움이 되고자 귀농귀촌 발효마을을 계획하여 진행하고 있다. 우리가 계획한 발효마을은 외국인 김장 체험과 김치와 식초를 명품으로 생산하여 수출시장을 겨냥한 가닥을 잡고 추진 중이다.

　귀농귀촌 발효마을은 마을마다 같은 뜻을 품은 사람들이 모여 주거와 소규모 가내공업 형태를 이룬 주거형 체험단지로, 김치 종주국의 명성에 걸맞은 품격 있는 마을을 형성하고자 한다. 그리하여 세계문화유산으로 등재된 김장문화 체험을 원하는 외국인들에게 숙박과 체험이 동시에 수용될 수 있는 마을을 만들 생각이다. 다만 각 가족 구성원들이 소화해 낼 수 있는 소규모를 원칙으로 하되 개별생산, 공동판매의 조합을 형성해서 같은 품질, 같은 상표의 명품을 생산하여 수출할 계획이다. 이를 위해서는 무엇보다 사명감을 가진 사람과 품질을 보증할 수 있는 제품 생산이 중요하다. 높은 수준의 제품을 위해서는 오랜 세월 연구와 실패를 거듭하면서 찾아낸 주지의 방법들을 입주자들에게 아낌없이 공개하고 공유해서 더욱 발전시켜 나갈 것이다.

　지적재산권인 모든 노하우를 공개 공유하고자 하는 마음은 일본의 변태적 식민통치로 우리의 정신적, 문화적 유산을 겸워당하고 두둑만을 걸게 다를 치위이기 때끼이되 느구에게나 해당되는 나눔은 아니고 사명감과 애정으로 발효마을의 구성원이 되는 대상에게만 한정하고 있다. 우리는 좀 더 빨리 전통 발효식품운동을 시작해야 할 것이다. 발효라고 하는 놀라운 변화는 항아리 속뿐 아니라 각자 자신의 인생도 발효돼야 삶이 후회 없는 향미로 가득하게 될 것이다. 이제라도 우리가 좀 천천히 걸으면서 인생의 깊은 맛을 내야 할 때이다. 시간은 우리 모두를 먼지로 만들 뿐이며 그 먼지가 되게 하는 주인공들은 1나노미터 크기의 아직 제 이름도 못 가져 본 미생물들이다.

발효 이야기 김치와 식초의 세계

펴낸날	초판 1쇄 2014년 8월 29일
	초판 7쇄 2015년 10월 15일

지은이	이미란
펴낸이	심만수
펴낸곳	(주)살림출판사
출판등록	1989년 11월 1일 제9-210호

주소	경기도 파주시 광인사길 30
전화	031-955-1350　　팩스 031-624-1356
홈페이지	http://www.sallimbooks.com
이메일	book@sallimbooks.com

ISBN	978-89-522-2915-1　04080
	978-89-522-0096-9 (세트)

이 도서의 국립중앙도서관 출판시도서목록(CIP)은 서지정보유통지원시스템 홈페이지
(http://seoji.nl.go.kr)와 국가자료공동목록시스템(http://www.nl.go.kr/kolisnet)에서
이용하실 수 있습니다.(CIP제어번호: CIP2014023685)

122 모든 것을 고객중심으로 바꿔라 eBook

안상헌(국민연금관리공단 CS Leader)

고객중심의 서비스전략을 일상의 모든 부분에 적용해야 한다는 가르침을 주는 책. 나 이외의 모든 사람을 고객으로 보고 서비스가 살아야 우리도 산다는 평범한 진리의 힘을 느끼게 해 준다. 피뢰침의 원칙, 책임공감의 원칙, 감정통제의 원칙, 언어절제의 원칙, 역지사지의 원칙이 사람을 상대하는 5가지 기본 원칙으로 제시된다.

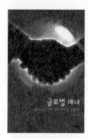

233 글로벌 매너

박한표(대전와인아카데미 원장)

매너는 에티켓과는 다르다. 에티켓이 인간관계를 원활하게 해주는 사회적 불문율로서의 규칙이라면, 매너는 일상생활 속에 에티켓을 적용하는 방식을 말한다. 삶을 잘 사는 방법인 매너의 의미를 설명하고, 글로벌 시대에 우리가 기본적으로 갖추어야 할 국제매너를 구체적으로 소개한 책. 삶의 예술이자 경쟁력인 매너의 핵심 내용을 소개한다.

350 스티브 잡스 eBook

김상훈(동아일보 기자)

스티브 잡스는 시기심과 자기과시, 성공에의 욕망으로 똘똘 뭉친 불완전한 사람이었다. 하지만 동시에 강철 같은 의지로 자신의 불완전함을 극복하고 사회에 가치 있는 일을 하고자 노력했던 위대한 정신의 소유자이기도 하다. 이 책은 스티브 잡스의 삶을 통해 불완전한 우리 자신에 내재된 위대한 본성을 찾아내고자 한다.

352 워렌 버핏 eBook

이민주(한국투자연구소 버핏연구소 소장)

'오마하의 현인'이라고 불리는 워렌 버핏. 그는 일찌감치 자신의 투자 기준을 마련한 후, 금융 일번지 월스트리트가 아닌 자신의 고향 오마하로 와서 본격적인 투자사업을 시작한다. 그의 성공은 성공하는 투자의 출발점은 결국 자기 자신이라는 점을 보여 준다. 워렌 버핏의 삶을 통해 세계 최고의 부자는 어떻게 만들어지는가를 살펴보자.

145 패션과 명품

이재진(패션 칼럼니스트)

패션 산업과 명품에 대한 이해를 돕는 책. 샤넬, 크리스찬 디올, 아르마니, 베르사체, 버버리, 휴고보스 등 브랜드의 탄생 배경과 명품으로 불리는 까닭을 알려 준다. 이 밖에도 이 책은 사람들이 명품을 찾는 심리는 무엇인지, 유명 브랜드들이 어떤 컨셉과 마케팅 전략을 취하는지 등을 살펴본다.

434 치즈 이야기

박승용(천안연암대 축산계열 교수)

우리 식문화 속에 다채롭게 자리 잡고 있는 치즈를 여러 각도에서 살펴 본 작은 '치즈 사전'이다. 치즈를 고르고 먹는 데 필요한 아기자기한 상식에서부터 나라별 대표 치즈 소개, 치즈에 대한 오해와 진실, 와인에 어울리는 치즈 선별법까지, 치즈를 이해하는 데 필요한 지식과 정보가 골고루 녹아들었다.

435 면 이야기

김한송(요리사)

면(국수)은 세계 각국으로 퍼져 나가면서 제각기 다른 형태로 조리법이 바뀌고 각 지역 특유의 색깔이 결합하면서 독특한 문화 형태로 발전했다. 칼국수를 사랑한 대통령에서부터 파스타의 기하학까지, 크고 작은 에피소드에 귀 기울이는 동안 독자들은 면의 또 다른 매력을 발견할 수 있을 것이다.

436 막걸리 이야기

정은숙(기행작가)

우리 땅 곳곳의 유명 막걸리 양조장과 대폿집을 순례하며 그곳의 풍경과 냄새, 무엇보다 막걸리를 만들고 내오는 이들의 정(情)을 담아내기 위해 애쓴 흔적이 역력하다. 효모 연구가의 단단한 손끝에서 만들어지는 막걸리에서부터 대통령이 애호했던 막걸리, 지역 토박이 부부가 휘휘 저어 건네는 순박한 막걸리까지, 또 여기에 막걸리 제조법과 변천사, 대폿집의 역사까지 아우르고 있다.

253 프랑스 미식 기행

심순철(식품영양학과 강사)

프랑스의 각 지방 음식을 소개하면서 거기에 얽힌 역사적인 사실과 문화적인 배경을 재미있게 소개하고 있다. 누가 읽어도 프랑스 음식문화에 대해 어느 정도 이해할 수 있도록 복잡하지 않게, 이야기하듯 쓰인 것이 장점이다. 프랑스로 미식 여행을 떠나고자 하는 이에게 맛과 멋과 향이 어우러진 프랑스의 역사와 문화를 소개하는 책.

132 색의 유혹 색채심리와 컬러 마케팅

오수연(한국마케팅연구원 연구원)

색이 인간에게 미치는 영향과 이를 이용한 컬러 마케팅이 어떤 기법으로 발전했는가를 보여 준다. 색은 생리적 또는 심리적 면에서 사람들에게 많은 영향을 미친다. 컬러가 제품을 파는 시대'의 마케팅에서 주로 사용되는 6가지 대표색을 중심으로 컬러의 트렌드를 읽어 색이 가지는 이미지의 변화를 소개한다.

447 브랜드를 알면 자동차가 보인다

김흥식(「오토헤럴드」 편집장)

세계의 자동차 브랜드가 그 가치를 지니기까지의 역사, 그리고 이를 위해 땀 흘린 장인들에 관한 이야기. 무명의 자동차 레이서가 세계 최고의 자동차 브랜드를 일궈내고, 어머니를 향한 아들의 효심이 최강의 경쟁력을 자랑하는 자동차 브랜드로 이어지기까지의 짧지 않은 역사가 우리 눈에 익숙한 엠블럼과 함께 명쾌하게 정리됐다.

449 알고 쓰는 화장품

구희연(3020안티에이징연구소 이사)

화장품을 고르는 당신의 기준은 무엇인가? 우리는 음식을 고르듯 화장품 선택에 꼼꼼한 편인가? 이 책은 화장품 성분을 파악하는 법부터 화장품의 궁합까지 단순한 화장품 선별 가이드로써의 역할이 아니라 궁극적으로 당신의 '아름답고 건강한 피부'를 만들기 위한 지침서다.

eBook 표시가 되어있는 도서는 전자책으로 구매가 가능합니다.

(주)살림출판사
www.sallimbooks.com
주소 경기도 파주시 문발동 522-1 | 전화 031-955-1350 | 팩스 031-955-1355